CENT ANS

AUX

# PYRÉNÉES

# HENRI BERALDI

## CENT ANS

### AUX

# PYRÉNÉES

Ramond.
La Littérature pyrénéiste de l'Empire
et de la Restauration.
Les Officiers géodésiens.

RAMOND.

PARIS

1898.

## EXCURSION BIBLIO-PYRÉNÉENNE.

*La connaissance pittoresque des Pyrénées — ne pas confondre avec leur connaissance scientifique — est aujourd'hui complète.*

*Il y a fallu un siècle d'efforts, dont la trace est une série d'écrits formant l'histoire du pyrénéisme — on dit pyrénéisme comme on dit alpinisme — dans ses trois périodes : l'histoire ancienne, commençant avec Ramond (avant Ramond ce n'est pas l'histoire, c'est l'époque préhistorique); l'âge moyen, avec Chausenque; l'ère moderne, avec le comte Russell.*

*Écrits de tous genres, chaîne de livres se classifiant comme la chaîne même des Pyrénées.*

*Et que comprennent donc les Pyrénées? — Des sommets de premier ordre, — d'autres de second, — des vallées, — des établissements thermaux.*

*Qui les visite? Des hommes de sommets, pour lesquels il n'y a pas de Pyrénées au-dessous de trois mille mètres; — des hommes de demi-sommets, recherchant moins la difficulté que le pittoresque de la montagne et la beauté des observatoires; — des hommes qui n'apprécient la montagne que dans les vallées ; — enfin des hommes pour qui Pyrénées signifie exclusivement casino ou grande douche.*

*De là les diverses littératures pyrénéistes: livres de sommets, livres de demi-sommets, livres de vallées, livres d'établissements thermaux.*

*L'idéal du pyrénéiste est de savoir à la fois ascensionner, écrire, et sentir. S'il écrit sans monter, il ne peut rien. S'il monte sans écrire, il ne laisse rien. Si, montant, il relate sec, il ne laisse qu'un document, qui peut être il est vrai de haut intérêt. Si — chose rare — il monte, écrit, et sent, si en un mot il est le peintre d'une nature spéciale, le peintre de la montagne, il laisse un vrai livre, admirable. Ce qui ne veut pas dire qu'il échappera à l'oubli si l'on n'y veille point. La raréfaction, la disparition des livres est d'une rapidité qui confond.*

*Actuellement les écrits du pyrénéisme moderne sont encore dans toutes les mains ou dans toutes les mémoires. Mais remontons seulement à l'âge moyen: qui aujourd'hui a vu le récit de la première ascension du Néthou? Qui a vu le livre de Chausenque?*

*Il est temps que les bibliophiles interviennent pour leur œuvre de conservation, et qu'après avoir sauvé des récits désormais précieux, ils les fassent revivre, non in extenso mais dans la mesure du possible, par des bibliographies pittoresques qui en conservent au moins la substance.*

*Pour l'histoire ancienne, contemporaine de Ramond, de 1787 à 1827, il y a urgence. Ce pyrénéisme rétrospectif est peu connu, mal connu, point connu.*

*Certes, Ramond a surnagé comme nom, et nul n'ignore*

qu'il a monté le Mont-Perdu. Mais qui peut aujourd'hui préciser son œuvre et ses itinéraires, dire ce qu'il a fait, et ce qu'il n'a pas fait? Combien sont-ils à présent — non pas même qui aient lu la relation de son voyage au sommet du Mont-Perdu — mais qui en soupçonnent seulement l'existence?

Qui a l'idée complète de la littérature pyrénéiste de l'Empire et de la Restauration, mélange singulier de mémoires scientifiques et de récits aimables, ou de déclamations emphatiques, ambitieuses, vides, mais curieuses? Qui connaît les contemporains de Ramond, et les premiers maladettistes, et les géologues, et les botanistes, et les poètes, et les gens de monde, Saint-Amans et Dusaulx, Azaïs et la duchesse d'Abrantès, Cordier, Parrot et Dufour, M. Thiers et le comte de Marcellus, La Boulinière et Arbanère, Samazeuilh, etc?

Et qui a jamais rien su de la campagne extraordinaire et des ascensions effectuées pendant les trois années 1825-26-27 par les officiers géodésiens? Il y a là pourtant un des plus beaux chapitres du pyrénéisme, inédit jusqu'ici, mais d'où maintenant deux noms, ceux des lieutenants Peytier et Hossard, doivent sortir célèbres.

# RAMOND

---

## I

### L'ACTE DE NAISSANCE DES PYRÉNÉES.

*Il n'y a plus de Pyrénées!* Mot célèbre; mot ingrat de
la part d'un homme qui avait envoyé son petit duc du
Maine aux eaux de Barèges; surtout, mot prématuré, le
contraire de la vérité, et fait pour mettre hors d'eux les
futurs alpinistes ou pyrénéistes. A le risquer hardi, le mot
vrai eût été : *Il n'y a pas encore de Pyrénées!*

Les Pyrénées n'existent que depuis cent ans. Elles sont
« modernes ». Les Pyrénées ont été inventées par Ramond.

Surtout n'objectez ni Strabon, ni Pomponius Mela.
N'objectez ni César, ni l'autel du dieu Lixo, orgueil des
Luchonnais, ni Roland mort en tailladant des brèches à
coups d'épée, ni Marguerite composant l'*Heptaméron* à
Cauterets, ni Candale essayant de « faire » le pic du Midi
d'Ossau, ni les lettres de M^me de Maintenon, ni d'Etigny
ouvrant des routes aux baigneurs arthritiques du xviiie siècle,
ni l'élégiaque chevalier Bertin adressant de Saint-Sauveur,
à Parny, sa jolie épître prose et petits vers, ni les médecins,
ni les chimistes, ni les botanistes, ni les ingénieurs, ni les

géomètres, ni les minéralogistes, ni les exploitants de
mines, ni Fagon, ni Tournefort, ni Cassini, ni Bordeu, ni
Flamichon, ni Darcet, ni Dietrich, ni Plantade, ni Reboul,
ni Palassou. Tout cela, vagues prolégomènes, simples
premières ondulations du terrain. La grande manifestation
primordiale, l'axe granitique, si l'on peut dire, de la chaîne
biblio-pyrénéenne, avec sommets de premier ordre, qui ne
seront égalés que longtemps après, dans la grande poussée
du pyrénéisme, ce sont les écrits de Ramond.

Ces morceaux célèbres, ces grands pics de la littérature
pyrénéiste, appellent à leur tour l'explorateur. Sainte-
Beuve, il est vrai, y a déjà passé, avec une insistance
perspicace. Mais ce n'est pas témérité d'y revenir après
lui, comme après la notice académique de Cuvier, si l'on
se place à un point de vue différent. Dans Ramond, Cuvier
cherchait le savant, Sainte-Beuve, l'écrivain; nous, nous
cherchons l'ascensionniste.

A entendre prononcer avec l'accent méridional ou en
patois le nom de *Ramongn* ou de *Ramoun*, plus d'un
visiteur actuel des Pyrénées, ignorant d'ailleurs de la
biographie de Ramond, est tenté de le croire du Midi :
quelque savant ou marcheur toulousain ayant voué sa vie
à l'exploration de la chaîne qu'il avait naturellement sous
les yeux. Il n'en est rien. Comme presque tous les grands
explorateurs de montagnes, Ramond est venu les chercher
(plus exactement : y a été conduit deux fois malgré lui) de
loin, du Nord, et de la plaine, et il s'en faut que les
Pyrénées, auxquelles il a donné et dont il a reçu la
célébrité, aient été sa carrière.

Ramond de Carbonnières, il est vrai, est fils de langue-
docien, mais aussi de mère allemande, Marie Eisentraut.
Il est né à Strasbourg en 1755. Son père y était trésorier
de l'extraordinaire des guerres.

Alliant ainsi les deux tempéraments du Midi et du Nord, prompt et posé, brillant et méditatif, coloré et précis, le jeune Ramond reçut une forte instruction littéraire et scientifique, polytechnique et polyglotte. A ce moment, Gœthe, plus âgé que lui de six ans, étudiait à Strasbourg et y rencontrait Herder. « Ramond côtoya ce groupe inspiré et en eut le vent », dit Sainte-Beuve. Il sera le premier à importer la littérature werthérienne en France.

Passons sur ses débuts : premières excursions de montagnes, dans les Vosges bientôt connues; premières amours, d'où première littérature : *les Aventures du jeune d'Olban*, roman sensible et werthérien, avec suicide; des *Élégies*, dont quelques-unes parurent dans le *Journal des Dames* sous le titre *les Amours d'un jeune Alsacien;* puis une tragédie historico-shakespearienne, *la Guerre d'Alsace*.

Premier alpinisme. En 1777, Ramond, qui a épuisé l'Alsace, fait en Suisse avec un ami la vraie tournée à pied, sac au dos, couchant dans les cabanes. Il s'aguerrit à la neige, apprentissage qui lui sera précieux plus tard. C'est dans ce voyage que, rendant visite à Voltaire, à Ferney, il voit dans la bibliothèque les in-folios des Pères de l'Église, avec des petits papiers notant des passages. *Comment, vous les avez lus!* dit Ramond. *Oui, monsieur,* répond Voltaire, *oui, je les ai lus, et ils me le paieront!*

Première littérature de montagne. En 1781, Ramond, traduisant de l'anglais les *Lettres de William Coxe sur la Suisse*, a l'idée de greffer, sur le voyage qu'il traduit, le sien propre. Après chaque groupe de lettres de Coxe, il intercale une tranche d' « observations du traducteur », tranche qui peut arriver à être un long chapitre. Le « morceau » des glaciers a cinquante pages; celui du Hasly, soixante. Tout Ramond est déjà là, relevant décidément de la forme littéraire de Rousseau, « sensible », et d'un sensible qui croît proportionnellement à l'altitude; coloriste,

avec quelque penchant au sublime soutenu; observateur
exact, très écrivain, dégageant les éléments d'un pittoresque
nouveau, d'une nature inédite, des grandes hauteurs : la
glace bleue, les roches pourpres, le ciel noir, où brille
brûlant le disque net et sans rayons d'un soleil sec, l'air
éthéré des cimes, ses effets sur l'homme, la respiration libre,
la circulation active, le jeu des organes souple, le sentiment
d'être plus entreprenant et plus fort, avec l'âme à l'unisson
des grands objets qui l'entourent, les idées hautes; et la
tristesse de redescendre, la sensation qu'un poids retombe
sur vous, que les organes s'obstruent, que les idées
s'obscurcissent, qu'on est « rendu à la faiblesse de ses sens
humains après l'instant où les yeux, dessillés par un Être
supérieur, ont joui du spectacle de merveilles cachées qui
nous environnent ». Et voilà dans l'œuf, par un passage
admirable, la littérature de sommets.

Très vif succès à Paris. Grimm loue Ramond. Buffon lui
dit : « Vous écrivez comme Rousseau ». Son édition est
retraduite en anglais. (Qui ne fut pas content? C'est Coxe.)
M. « de Carbonnières » étonne par la maturité, la richesse
et le trait de sa conversation; à vingt-six ans, il est lancé.
Il obtient l'amitié de Malesherbes. Le jeune strasbourgeois
trouve aussi à Paris un protecteur naturel : son évêque.
Et l'évêque de Strasbourg, c'est le cardinal de Rohan.
Voici Ramond conseiller privé, puis secrétaire et familier,
confident de tous les secrets du prélat, et faisant les beaux
jours de la petite cour de Saverne. Arrive Cagliostro, qui
empaume le cardinal, et probablement aussi, dans une
certaine mesure, le secrétaire. Ramond est l'agent secret
qui assure la correspondance très active et très suivie du
cardinal avec le célèbre charlatan; il a, de plus, mission
de servir d'aide de laboratoire pour les expériences. Par .
la suite et sur ses vieux jours, Ramond n'aimait pas à
être mis sur ce chapitre et refusait systématiquement la

conversation, qui, d'ailleurs, de Cagliostro serait bientôt venue à un sujet plus épineux : l'affaire du collier. Ramond y avait été mêlé à fond, en qualité de confident. Dès le début il fut au fait des relations du cardinal et de M^{me} de La Motte. Le grand-vicaire Georgel, dans ses *Mémoires*, toujours sur le ton un peu pincé vis-à-vis du « jeune Ramond » dont il reconnaît cependant les brillantes facultés, l'abbé Georgel, disons-nous, jésuite, diplomate, et qui doit savoir la valeur des mots, écrit ceci : « Une chose qui surprit M. le cardinal lui-même, c'est que M^{me} de La Motte, qui avait des rapports intimes avec le confident pour les affaires du prince, ne l'ait pas compromis dans ses premières déclarations; ce qui le sauva de la Bastille ». Ramond, libre, servit bien le cardinal. Comme il savait l'anglais, ce fut lui qui alla à Londres suivre la trace des diamants et se procurer la preuve que M. de La Motte avait vendu le collier pour son propre compte, c'est-à-dire que le cardinal était non coupable, mais volé et victime.

Après le procès, Ramond accompagne le cardinal en exil à la Chaise-Dieu (ici, excursions dans les montagnes de l'Auvergne). Puis dans l'été de 1787, loin de se séparer de lui et de devenir libre d'aller aux Pyrénées, comme le disent ses biographes, il y va, au contraire, parce que le cardinal y va, prendre les eaux de Barèges.

*Amené au milieu des Pyrénées*, dit-il, dans les premiers mots de sa préface — *par des motifs étrangers à l'étude des montagnes, et dépourvu d'ailleurs de tout ce qui peut assurer le succès d'un voyage d'observation*, il ne put cependant « se voir au sein de ces monts fameux sans former le projet d'en visiter au moins une partie ».

Très ennuyeux, Barèges! On s'y distrait donc par des excursions :

Car, que faire à Barège à moins que l'on n'en sorte?

Que fait-on aujourd'hui? Que fera-t-on en 1987? On va s'égayer à Bagnères-de-Bigorre, on monte au pic du Midi ou au pic de Bergons, on visite le cirque de Gavarnie, et si l'on dispose d'une semaine de liberté, on pousse jusqu'à Luchon.

C'est exactement ce que fit Ramond. Son premier voyage n'est autre que la classique « tournée des Pyrénées » d'aujourd'hui, mais faite par un homme qui marche en montagnard, observe en savant, et décrit en peintre dans un livre paru en 1789 sous ce titre :

*Observations faites dans les Pyrénées, pour servir de suite à des observations sur les Alpes insérées dans une traduction des lettres de **W.** Coxe sur la Suisse.* Paris, Belin, libraire, rue Saint-Jacques, près de Saint-Yves, M.DCCLXXXIX. *Sous le privilège de l'Académie royale des Sciences.* Un volume de 452 pages et trois planches, en deux parties; la principale de 284 pages, est de récit pittoresque; la seconde, de conclusions scientifiques. Même typographie — agréable — que les *Lettres de Coxe*.

Ce livre (rare aujourd'hui) est capital. C'est l'acte de naissance des Pyrénées.

Qualité absolue : c'est un livre, non un sec carnet de voyage; c'est un livre très combiné. Ramond, en écrivain, en artiste qui se préoccupe de « faire le morceau » prend un grand parti de composition, procède par contrastes, par alternances des tranches pittoresques avec les tranches scientifiques, proportionne, condense, abat les parties inutiles et « le récit des tentatives infructueuses ». Il sait même se borner, lui botaniste, sur l'article botanique et les citations de plantes en latin! Il ne photographie pas, — ce serait de l'anachronisme, — il fait du tableau, du Joseph Vernet, du paysage historique, mais sur une « mise en place » très exacte. Il est particulièrement soigneux des effets, il a la coupe théâtrale, c'est un librettiste qui a l'art de faire succéder au récitatif géologique la romance du berger, l'ariette du laitage, la ballade du contrebandier, la cavatine de la vallée de Campan, l'arioso de la Maladetta.

Qualité relative : Ramond n'est pas sans défauts. A force de mettre de la couleur, il empâte quelquefois son trait; à force de viser l'effet, il lui arrive de le manquer, et juste dans les moments les plus décisifs. Il est emphatique, il sacrifie au jargon du temps; même, dans ce premier ouvrage où l'approche de la Révolution le rend effervescent, il est nettement déclamatoire. Eh bien! c'est là excès d'assaisonnement, mais d'où il prend une saveur d'autant plus tranchée, et une de ses qualités essentielles est précisément de ne pas parler des Pyrénées comme on le fera un siècle après lui.

Qualité suprême, il parle le premier! Heureux Ramond, une chaîne entière inédite à déflorer pour lui tout seul! Bernardin de Saint-Pierre révélait au même moment un monde inconnu, en latitude; Ramond, lui, révèle un monde inconnu, en altitude. Et comme il donne bien au lecteur la fraîcheur de l'impression première, l'émotion de la découverte! Par là, son livre restera éternellement jeune.

Découvrons donc les Pyrénées avec Ramond.


## II

### LE PIC DU MIDI. — LA BRÈCHE DE ROLAND.


Il les aborde par Pau, visite « le plus triste et le plus touchant des monuments » le château de Henri IV, où tout en songeant au cercueil de ce roi, « on embrasse son berceau comme une relique sacrée ».

« Rien de plus délicieux que les environs de Pau, que

les méandres du Gave, que les côteaux qui, en s'enchaînant,
gouvernent son cours et fournissent à la culture un refuge
que ses débordements sont forcés de respecter. Rien de
plus riche que ces beaux vignobles où l'on recueille le
Jurançon, que ces pentes couvertes de moissons, que ces
nombreux vergers et ces habitations éparses où le
gentilhomme et le paysan, l'un comme l'autre propriétaires,
vivent, selon leur condition, du produit de leurs champs.
Rien de si intéressant que ce peuple, libre par son caractère
bien plus que par ses privilèges, spirituel et vif; élégant
même sans culture, dont le noble est sans hauteur et le
cultivateur sans grossièreté... »

Ramond voit à grande distance la fourche aiguë du pic
du Midi d'Ossau, « actuellement inaccessible », et s'amuse
à rappeler la tentative incomplète de Candale.

De Pau, négligeant les Eaux-Bonnes et les Eaux-
Chaudes, et la vallée d'Asson qui a « un pic du Midi appelé
pic de Gabisos », il remonte le long du Gave et passe à
Lourdes, dont il ne peut prévoir les étonnantes destinées.
Le château servait de prison : « sous ces murs destinés à
dérober à la pitié publique des gémissements d'eux seuls
entendus, le peintre admire et s'arrête, l'historien se
rappelle de lugubres anecdotes, l'ami des hommes passe et
détourne les yeux...! »

Il traverse la vallée d'Argelès, laisse à droite le bassin
de Cauterets, s'engage dans les beautés et « les horreurs »
de la gorge de Pierrefitte — en remarquant que « les vallées
supérieures des monts du premier ordre présentent souvent
des spectacles moins extraordinaires que ces gorges
inférieures, creusées par les torrents dans les rochers de
leur base » — débouche à Luz, aperçoit Saint-Sauveur,
tourne à gauche dans la morne vallée du Bastan et s'arrête
à Barèges, « gorge étroite, que resserrent de vastes
éboulements, tristes lieux que quiconque n'est point enchaîné

à l'urne de sa naïade » (lisez : n'a pas une saison de bains à faire) « se hâte d'abandonner ».

Sa première excursion est de passer le Tourmalet pour aller à Bagnères, « lieu charmant où le plaisir a ses autels à côté de ceux d'Esculape, mais avec le pic du Midi suspendu sur ces tranquilles retraites comme l'épée du tyran sur la tête de Damoclès (!), menaçants boulevards qui font trembler pour l'Élysée qu'ils renferment... »

La vallée de Campan lui inspire un de ses morceaux les plus remarquables, bien qu'un peu apprêté. « *Cette vallée si connue, si célébrée, si digne de l'être... la gaîté des troupeaux, la richesse des vergers... les maisons si jolies et si propres, les méandres de l'Adour plus vif qu'impétueux, impatient de ses rives, mais en respectant la verdure ; les molles inflexions du sol, ondé comme des vagues qui se balancent sous un vent doux et léger...* » C'est là qu'il s'élève à cette belle conception : que les montagnes si fières en apparence sont, non des monuments d'éternité, mais au contraire des débris, et que tout tend à l'état d'équilibre : les sommets s'abaissent, les fonds s'exhaussent, les eaux nivellent, un degré d'inclinaison vient où il n'est plus d'éboulement possible, et la végétation s'installe sur ces ruines.

Scientifiquement Ramond s'est posé deux questions : où sont les plus hauts sommets de la chaine? les Pyrénées renferment-elles de la glace, de la vraie glace comme en Suisse? Pour jeter un premier coup d'œil et se rendre compte, le poste d'observation est tout indiqué. Rentré à Barèges, la première excursion de Ramond est pour le pic du Midi, « inaccessible du côté où il se présente avec le plus de majesté, mais ayant des allées détournées qui conduisent avec tant de facilité à sa cime, qu'y parvenir est un succès à la portée des forces les plus communes, et

déjà fréquenté par les baigneurs de Bagnères et de Barèges.»
Il le prit par le lac d'Oncet et la Hourquette de Cinq-
Cours (ou de Sencours); lieu où en 1748 l'astronome
Plantade, âgé de soixante-dix ans, mourut subitement à
côté de son quart de cercle et dans les bras de ses guides;
lieu où plus tard le général de Nansouty établira son
premier observatoire et où se trouve aujourd'hui l'hôtellerie.

Ramond commence l'ascension de la cime avec ses
compagnons de promenade, avec le cardinal de Rohan, —
car c'est de simples promenades de baigneurs qu'il sait ici
tirer un parti supérieur, — mais bientôt, surexcité d'impatience, il s'élance seul, s'élève au sommet et « du bord du
précipice effroyable. voit un monde à ses pieds ! » Chose
curieuse, c'est la plaine qui le saisit : son premier regard
est pour elle; son second, pour la cime même. Il faut que
ses compagnons, arrivant, le rappellent au véritable objet
de l'ascension. Ramond se retourne vers les montagnes
méridionales; un regard suffit, le chaos est démêlé, plus
de doutes sur les hauteurs relatives, sur la route à prendre
pour aborder les sommets principaux. Il faut laisser à
l'ouest le Vignemale; autre point curieux : Ramond, qui
cherche des glaciers « comme dans les Alpes », abandonne
précisément le seul glacier pyrénéen qui ressemble à un
glacier alpin; le grand glacier du Vignemale, ou glacier
d'Ossoue. Mais son œil est ailleurs. Ramond est conquis;
c'est le coup de foudre : derrière le Néouvielle et le
Cambieil il a vu, en face, à plus de seize mille toises de
distance, le Marboré, ses tours, et sa citadelle, le Mont-
Perdu !

Ramond, dans ce chapitre du pic du Midi, est faible. Il
s'y attarde à une plante, à un papillon; il y arrange le
morceau du berger spirituel, noble, généreux, fier, serein
et toujours aimable, ou malheureux dans sa longue solitude
et trouvant lui-même que *sauf la lumière du christianisme,*

il n'y a pas de différence entre sa propre condition et celle
de ses vaches ou de ses moutons. Ramond ne s'est donc
pas égalé ici à ce grand sujet : le sommet du pic. Quelqu'un
d'ailleurs a-t-il, depuis, rendu cette impression écrasante
de mer démontée, avec trois lames de trois mille mètres
arrivant sur vous et subitement figées ?

Mais, encore une fois, Ramond n'a d'yeux que pour le
Marboré. L'étrange massif calcaire, avec son géant le Mont-
Perdu, a exercé sur lui son irrésistible prestige. Il faut y
courir. Il part en promeneur, sans se douter que, l'autre
bout de ce chemin de seize mille toises, il mettra quinze ans
à l'atteindre ! Toujours avec la même société, il fait
l'excursion de Gavarnie, pour voir les cascades et le pont
de neige « but ordinaire de la curiosité des baigneurs ».
Il retraverse Luz, décrit Saint-Sauveur, monte à gauche
du Gave, là où sera le pont Napoléon, s'enfonce dans la
gorge sauvage, passe le pont de Sia (celui dont on voit
aujourd'hui les ruines) d'une seule arche à quatre-vingt-dix
pieds de haut, antique, dégradé, revêtu de lierre et ayant
pris l'uniforme de la nature (*sic*), parcourt un nouveau
défilé, long et monotone ; il l'anime ingénieusement en y
plaçant la rencontre du troupeau descendant des hauts
pâturages : le jeune berger en tête, les brebis, les chèvres,
puis les vaches, puis les juments, les poulains étourdis, les
mulets plus malins, enfin le « patriarche » et sa femme à
cheval, les enfants en croupe, le nourrisson dans les bras de
sa mère, la fille occupée à filer sur sa monture, le petit
garçon à pied, coiffé du chaudron ; l'adolescent armé en
chasseur, et un autre fils portant la boîte à sel. « Naïve
image de l'homme qui accomplit le premier pacte avec la
terre ! Vivante image du pasteur de toutes les montagnes du
monde ! Ainsi marchait, il y a plus de trois mille ans, le
berger que nous peignait Moïse !... Tableau doux et cham-

pêtre dont la simple nature a fait les frais... » Il débouche dans le vallon de Pragnères, avec la montagne de Coumélie en face, aperçoit la cime blanchie du Marboré, et dépassant Gèdre après avoir visité la cascade, au bas de la fameuse maison de Palasset, continue sur Gavarnie; bientôt sur la route tout est débris, et ces débris sont énormes, c'est le fameux chaos de Gèdre; Ramond l'appelle la *peyrade*. Nouvelle vue du Marboré. Arrivée à Gavarnie, visite au fond du cirque et première description, si souvent citée depuis : « *Que l'on s'imagine une aire circulaire... le mur de douze à quatorze cents pieds blanchi de neiges éternelles, et couronné lui-même par des rochers élevés en tours... dix ou douze torrents tombent de cet amphithéâtre dans le cirque, l'un d'eux beaucoup plus considérable se précipite du haut d'une roche surplombée...* »

Vérification faite, le pont de neige n'a point de glace, mais il suffit de lever les yeux sur le Marboré pour en voir. Vite, il faut l'examiner de plus près, et aussitôt Ramond d'interroger ses guides sur l'apparente inaccessibilité du fond du cirque. On lui révèle l'existence d'un chemin « très dangereux ». Séance tenante, à midi, sans bâton ferré, sans crampons, sans vivres, il entame l'ascension de la brèche de Roland. Son guide, malin prédécesseur des Passet et des Pujo, avait jugé inutile de rien prendre, voyant bien que, en raison de l'heure, son voyageur n'irait pas loin ! Ramond s'arrêta aux Sarradets, monta un peu à l'ouest, pour voir d'en face ce qui sous la brèche paraissait être des glaciers. C'était bien de la glace ! Ici première rencontre d'un contrebandier aragonais, de bonne mine, armé d'un fusil, la figure hardie et fière, la jambe nerveuse, la démarche gracieuse et agile, etc. C'est du *Fra-Diavolo* anticipé :

> Voyez sur cette roche
> Ce brave à l'air fier et hardi,
> Son mousquet est près de lui...

Après avoir eu la velléité de passer la nuit dans une cabane de bergers, Ramond laisse son guide et redescend coucher à Gèdre, dans une rêverie poétique, et éprouvant des sensations douces et voluptueuses : traduisez, avec l'agitation que donnent les journées passées en montagne et les senteurs pyrénéennes. « *Les foins nouvellement fauchés exhalaient leur odeur champêtre; les plantes répandaient ce parfum que les rayons du soleil avaient développé et que sa présence ne dissipait plus. Les tilleuls, tout en fleurs, embaumaient l'atmosphère. J'entrai dans cette maison où l'on voit les cataractes cachées du Gave de Héas. Au fond de la cour, il y a un rocher qui les domine, et j'allai m'y asseoir. La nuitt ombait, et les étoiles perçaient, successivement et par ordre de grandeur, le ciel obscurci. Je quittai le torrent et le fracas de ses flots, pour aller respirer encore l'air de la vallée, et son parfum délicieux....* »

Le lendemain, dûment équipé, il « fait » la brèche. Autre rencontre de contrebandiers espagnols, adroits, déterminés, prompts au coup de fusil qui ne manque jamais, et qui seraient pour bien des voyageurs un objet de terreur. Mais lui, Ramond, les rencontre sans inquiétude et les fréquente sans crainte. Sur ce, grand morceau du contrebandier sympathique. Ce morceau est bien amusant: c'est de la pure déclamation, et Ramond y paie plein tribut à ce qu'un journal appelait naguère audacieusement « le côté imbécile du dix-huitième siècle ». Tout le répertoire y est: les barrières politiques et fiscales, l'arbitraire, les crimes envers la société, les vaines prohibitions, la guerre déplorable entre les lois et les coutumes, le triomphe à bref délai des lois naturelles, la prospérité en raison directe de l'équité du pacte social, et les assassins qui deviennent accueillants pour ceux qui n'ont pas d'armes, etc., etc. En fin de compte, Ramond ne doute pas de la prochaine suppression des douaniers. On l'attend encore.

Mais Ramond atteint la brèche, en donne une description saisissante, découvre que l'énorme Marboré est, même au sommet, non du granit, mais du calcaire, une masse de marbre, donne un coup d'œil du côté espagnol, manque une vue capitale faute d'un bon guide qui le conduise à deux pas de là à la « fausse brèche », repasse du côté français, pénètre dans la séparation de la roche et de la neige, dans la *rimaye*, pour reconnaître les couches de neige superposées par les hivers, puis à la descente assez difficile est arrêté par une grande crevasse transversale, qui lui fournit l'occasion définitive de couronner son entreprise de succès en constatant avec certitude, par un regard de cette fente très profonde, l'existence d'un glacier véritable.

Il passe la soirée à Gavarnie, au milieu des montagnards, « race spirituelle et intéressante » et avec le vicaire du lieu, « homme d'un vrai mérite ». Le lendemain, il rentre à Barèges.

# RAMOND

(SUITE).

---

## III

### DE BARÈGES A LUCHON PAR VÉNASQUE.
### LE PORT D'OO.

Restait le second point : la position des plus hauts sommets. Ramond, qui déblaie et ne s'attarde pas à raconter ses excursions secondaires (pic de Bergons ; nouvelle visite à Gavarnie, le 13 août, où il voit s'écrouler le pont de neige), remonte au pic du Midi ; il y rencontre Reboul et Vidal « *qui revenaient du sommet de Néouvielle, sans être parvenus au sommet principal* » (*sic :* ce sommet en avait, encore, juste pour soixante ans de tranquillité). Ils achevaient de toiser le pic du Midi, le faisant déchoir du rang de géant des Pyrénées. A la cime, les guides avaient construit une hutte de pierres sèches, et Ramond espère qu'on respectera cet *asyle* de l'observation. S'il revenait, il trouverait mieux : bâtiments, télégraphe, téléphone, le facteur tous les deux jours....

Ramond reçut de Reboul, et l'a publié, un croquis de la silhouette des Pyrénées vues du pic. Croquis exact et précieux, qui nous fait revoir avec l'œil des hommes de ce temps-là, peut-on dire, cette chaîne alors presque inconnue, chaos où Reboul et Ramond démêlaient seulement, de l'ouest à l'est : le pic du midi d'Ossau, le pic « La Bassa » (le futur célèbre Balaïtous), « Vignemale », et le massif du Mont-Perdu. A partir de là, des points d'interrogation : un premier « sommet fort haut, voisin du port de la Pez » (le Posets); et un second, vague massif neigeux d'une « montagne éloignée dans la direction du port de Clarbide » (les Gours-Blancs) et d'une autre indiquée sous ce doute : *peut-être montagne d'Oo, peut-être Maladette.* Reboul la croyait la montagne du port d'Oo. (Plus tard, Ramond l'estima avec raison être la Maladetta, en ajoutant que les alignements de Reboul l'élevaient à la hauteur du Mont-Perdu.)

C'est sur ce dernier massif confus que Ramond arrêta ses yeux; vers l'Orient, « où il voyait une longue suite de cimes bleuâtres se perdre dans les cieux, où le plus beau des fleuves des Pyrénées devait avoir une origine digne de la majesté de son cours ». Il résolut de se rendre directement aux sources de la Garonne, en coupant les vallées transversales le plus près possible de la haute chaîne.

Le 16 août, accompagné de Simond Guicharnaud, le guide de Reboul au Néouvielle, que lui avait recommandé le chevalier de Laurière, commandant militaire de Barèges, il part vers deux heures du matin pour cette excursion où chacun de ses pas va révéler un nom de la topographie pyrénéenne. Huit heures de marche par le col de Tourmalet, Tramesaygues, la droite de Gripp, Paillole, la marbrière de Campan, le pied du pic d'Arbizon, le font déboucher à la hourquette d'Arreau (plus au Sud que le col d'Aspin) : *le voile tombe d'une façon magique !* « C'est la vallée d'Aure qui se déploie tout entière sous les yeux, parée de ses nombreux villages, de ses antiques forêts, de ses riches cultures, de ses riantes prairies; c'est Arreau, chef-lieu de la vallée que l'on découvre à ses pieds » dans une enceinte de montagnes qui s'étagent « jusqu'aux âpres sommets où serpente dans un lointain reculé, la route du port de Bielsa... ». Ramond s'arrête, rassasie sa vue de ce vaste tableau, se remémore le passé de cette vallée, et, comme un point d'orgue, pour bien marquer le temps de repos, raconte ici la tragique histoire de Jean V d'Armagnac et de sa sœur Isabelle.

Il repart, descend droit, traverse Arréou (Arreau), s'engage dans la vallée de Louron, d'abord étroite, puis large et peuplée, ayant pour fond « un amas de monts des plus imposants ». De bonnes gens qui font route avec lui le prennent pour un déserteur et lui enseignent les passages secrets et difficiles pour l'Espagne; une jeune fille de Viella (Vielle-Louron) veut absolument lui offrir un verre de vin. Il accepte. Plus tard, en écrivant son voyage, il exultera à l'idée qu'on s'empresse ainsi pour les déserteurs : « *O loix de nos législateurs, accordez-vous donc une fois avec celles de la nature : ne condamnez point ce qu'elle approuve et n'approuvez point ce qu'elle condamne, de peur d'être superflues ou vaines chez les hommes simples, comme vous l'êtes chez les hommes corrompus !* » La jeune fille le guide au pont de la Neste et à un raccourci pour gagner la route du port de Peyresourde, superbe chaussée faite par « l'Administration » et « comparable à ce que la France a de plus beau en ce genre ». Il passe le port, entame la monotone descente dans le bassin de Luchon, puis traverse les beaux villages de l'Arboust, arrive à une chapelle (de Saint-Aventin), voit un village dans une position extraordinaire (Trébons) et une tour de signaux perchée comme l'aire d'un aigle (Castel-Blancat); il admire la magnificence de ce paysage au soleil couchant, l'heure

« des grandes dispositions d'ombres qui simplifient les formes et les lient en masses harmonieuses ». Il n'est plus qu'à une lieue de Luchon. Mais il a aperçu tout à l'heure « les sommets âpres et neigés qui dominent le port d'Oo » et se rappelle les indications des bonnes gens de Louron. Réflexion faite, il abandonne Luchon et par un sentier rapide atteint à la nuit le village d'Oo, où il se procure un second guide pour le lendemain. « Quant au gîte, jamais il n'y en eut un moins propre à réparer les fatigues d'une marche de dix-sept heures. »

Avant le jour, il part pour passer à Vénasque par le port d'Oo. Dans le récit de cette course si belle, qui s'étage en une série de décors imprévus, Ramond est exact, complet et superbe; tout est vu, tout est noté juste : le « triste entonnoir » du village d'Oo; les frênes qui ombragent la partie basse du val de Lasto (ou d'Astos d'Oo); même le petit œillet frangé répandant un parfum mille fois plus délicieux que celui qu'il exhale pendant la chaleur du jour, *car les fleurs éprouvent avec la nature animée le sommeil de la nuit, le réveil du matin et la fatigue de la journée ;* le soleil ne se levant d'abord que pour les sommets teints d'un pourpre clair et céleste; la cascade en nappe (la chevelure de la Madeleine) sous l'Esquiéro connu des botanistes (la réputation spéciale du val d'Esquierry date de loin!); le chemin, plus court que celui des curieux de Luchon, qui atteint, le long des chutes du torrent, la magnifique cataracte d'un déversoir; tout à coup « l'un des plus beaux lacs qu'il soit possible de rencontrer à pareille hauteur », le lac de Culégo, Séculéjo (lac d'Oo), dans un cirque « tellement escarpé au fond, qu'une cascade de huit cents pieds tombe perpendiculairement dans cette superbe pièce d'eau » (ce qui ne veut pas dire, en forçant le texte, que Ramond a vu la cascade tomber dans l'*eau* du lac, et sans aucun delta de

déjections) ; le repas, délicieux : pain, oignons, vin d'outre ;
le temps inquiétant à cause du vent d'Espagne (le morceau
de l'inquiétude de la nature est d'une vraie sublimité :
« *La nature n'était pas ici dans cette tranquillité qui
annonce de beaux jours. Le ciel, quoique pur, recélait
des orages. Le vent du Sud tombait en rafales sur la
surface du lac dont les eaux soulevées allaient briser
leurs lames contre le môle de roches qui en soutient le
poids. Je ne sais quelle inquiétude répandue dans
l'atmosphère semblait ressentie par la terre et les eaux.
Elle agissait non seulement sur la mobilité des feuillages
qui frisent la surface du lac, sur l'herbe flottante qui en
couvre les rives, mais l'immobile enceinte même en
paraissait affectée, et ce sentiment involontaire qui nous
fait attribuer aux êtres inanimés la connaissance des
présages qu'ils nous transmettent, trouvait dans la pâleur
de ces monts, éclairés par une lumière moins affaiblie
que décolorée, de quoi les croire émus du trouble secret de
la nature et sensibles au pressentiment de la tempête.* »);
la montée à gauche du lac par le chemin de l'Escala se
terminant dans un ravin ; le débouché sur le deuxième
cirque, sauvage, triste, avec ses quelques pins noueux, ses
deux lacs d'Espingo et de Saousat « dont le premier seul
est poissonneux », ses troupeaux de brebis et la cabane du
berger, son ravin (le val d'Arrouge), descendant des régions
de « Clarbide », et son mur de fond partagé en trois pics
nus et d'une hauteur énorme, les pics de l'Espingo (*sic*
pour le Spijcoles, le Montarqué, le Quairat); la dure
montée de trois heures sur ce mur de fond ; l'imprévu, la
surprise de se trouver subitement au-dessus d'un lac glacé,
dans un troisième cirque, dominé par le glacier du Seil de
la Baque, et la neige remontant jusqu'aux montagnes de
Clarabide : « paysage glaciaire, le plus beau désert de ce
genre dans les Pyrénées : la brèche de Roland elle-même

n'offre rien de pareil »; paysage « polaire », mais non
inconnu à l'homme; on venait d'y tenter l'exploitation d'un
filon de galène...

Un orage survient, avec un froid qui arrache au guide
Simon « une expression rustique, mais forte ». A l'abri
sous un bloc de granit, Ramond, qui est nettement homme
de sommets, a la vision — réalisée aujourd'hui ailleurs, —
de ce que serait à pareille hauteur (près de trois mille
mètres), une demeure solide, chaude, bien approvisionnée,
où l'observateur pourrait être présent à ces révolutions qui
depuis tant de siècles n'ont jamais eu de témoins, et
soumettre au calcul les combats des éléments, la vitesse
des vents, la puissance des neiges déplacées, les convulsions
de l'air et de la terre. « *Non, ses jours ne seraient pas
livrés à l'ennui. Que d'événements se succéderaient
jusqu'à présent inconnus, inobservés, inouïs! Que de
sensations et que d'idées nouvelles!* » : les tempêtes de
l'automne, les brumes, les tourbillons, le silence, l'hiver,
les longues nuits où la lune verse avec sa lumière le froid
perçant des régions éthérées, puis le soleil, la chaleur, les
avalanches, les torrents. Tout ce morceau, qui nous retient
plus longtemps dans ce désert glacé d'Oo, est très beau, et
Sainte-Beuve le signalera. C'est un vrai morceau de
sommets.

L'ouragan apaisé, étude des glaciers, passage du port;
apparition superbe du mont Astos (le Posets); descente; le
guide d'Oo trouve le moyen de se fourvoyer sur un à-pic,
le guide de Barèges, le brave Simon, rectifie la route, tout
en répugnant à se risquer sur la neige; « et cependant,
c'est un homme si intrépide que son curé s'est fait plus
d'une fois un cas de conscience de l'absoudre de la hardiesse
de ses entreprises! » (ceci est le commencement de la
réputation faite aux montagnards pyrénéens d'être incomparables sur le roc, timides sur la glace); tâtonnements,

passage au sud d'un pic que l'insuffisant guide d'Oo baptise au hasard le *Spijeoles* ou *Portillon* (le Perdighère); cascade (de Turmes), passage du torrent sur un rocher formant un pont naturel, forêts ; orage terrible, une heure de pluie diluvienne, pas d'abri ; suite de la longue descente dans le val d'Astos de Vénasque ; jonction de la vallée de l'Essera (au pont de Cubère), et arrivée à Vénasque, petite ville « triste et sauvage ». Inutile de se risquer dans une auberge, funda, venta ou posada. Hospitalité chez un marchand : excellent gîte, excellents hôtes : deux gardes surviennent, en ancien costume aragonais, on s'en fait des amis ; on invite quelques voisins, et tous, à une table commune, servis par la maîtresse de la maison et ses filles, « célèbrent une de ces saturnales où n'assiste guère que le voyageur à pied ».

C'est le dernier moment d'entrain. Désormais, récit sans gaîté, parce que voyage sans soleil. Entre tant de découvertes, Ramond va faire à ses dépens celle-ci : qu'aux Pyrénées la seconde quinzaine d'août est une période de mauvais temps classique, réglementaire, presque obligatoire.

Rien de plus terne que sa traversée de Vénasque à Luchon, par temps incertain. Il note la longue remontée de trois heures dans la « monotone » vallée de l'Essera, une cascade en nappe, la « misérable masure » des Bains de Vénasque, les ruines de l'ancien hospice, le nouvel hospice, son feu au milieu de la salle, la fumée s'échappant par le milieu du toit, et un banc de pierre régnant au pourtour de cette salle (Ramond, non averti, est ici sans le savoir près de son presque homonyme : le val espagnol de Ramogno, de Ramougne). Montée des dix-huits lacets sur les affleurements de marbre blanc de la *Peña blanca* : au Sud se déploie graduellement, sans imprévu, l'énorme amas des montagnes environnantes et une cime couverte de neiges éternelles, ceinte de larges bandes de glaciers : la Maladetta (le pic de la Maladetta proprement dit, que Ramond prend pour la vraie cime du massif), ainsi nommée « parce que les troupeaux n'y ont point de pâturages ». Pressé par les menaces du temps, et après un coup d'œil jeté de loin sur le port de la Picade qui conduit dans la vallée d'Aran, Ramond, tournant le dos à la Maladetta, passe l'échancrure du port de Vénasque, avec un de ces vents furieux *par lesquels le père n'attend pas son fils et le fils n'attend pas son père* (proverbe depuis répété à satiété), et, entrant sur le versant français couvert de nuages, descend « par un zig-zag en vingt-cinq replis » sur un morne et étroit bassin contenant quatre petits lacs. « Rien de si lugubre », dit-il.

Hélas ! Ramond vient de manquer — ou de gâcher — l'incomparable excursion du port de Vénasque.

Aux Pyrénées sont deux courses capitales par leurs vues subites. L'une sur le Mont-Perdu : celle-ci, il sera donné à Ramond non seulement de la réussir, mais de la découvrir. Et l'autre, sur la Maladetta, il vient de la faire à l'envers et par temps médiocre ! Que Ramond, venant de Luchon, eût débouché sur les Monts-Maudits par un soleil de feu, et l'apparition instantanée de ces montagnes formidables, saturées de lumière et brûlées, de cette vallée d'une si terrible sauvagerie qui fait invinciblement penser à la vallée de Josaphat, lui arrachait forcément une page, un mot, un cri, une de ces lignes qui restent et vont se répétant comme un écho à travers les générations ! Cette page, cette ligne a manqué à Ramond ; elle manque au port de Vénasque.

Descente à l'hospice français, de meilleure apparence que l'hospice espagnol, et de plus triste réalité. « Malgré la prospérité du troupeau, le fromage y est mauvais » (déjà !). Le temps rend maussade la descente à Luchon, par une forêt « qui passe pour recéler des ours », et par la vallée de la Pique, « monotone et sans variété », sauf à la gorge près de Castel-Viel. Il signale, sur la Pique, à la hauteur

de Saint-Mamet la manufacture de safre et d'azur (cobalt)
du comte de Beust. Vue du bassin de Luchon, superbe.
Enfin, Luchon « réuni à ses bains par une belle allée
d'arbres » (l'allée d'Etigny entre dans l'histoire).

Ici, marquant le repos, long chapitre sur les goîtreux et
les crétins de la vallée. Luchon même en a peu, mais ils
sont fréquents à Barcugnas et à Saint-Mamet. Ce sont les
*Cagots,* rejetons avilis des Goths...

## IV.

### LA MALADETTA. — INSUCCÈS.

Naturellement, Ramond est attiré par la Maladetta. Quel
observatoire ! Et quelle séduction ! « *Quiconque* », s'écrie-
t-il, « *n'a point pratiqué les montagnes du premier ordre,
ne pourra s'expliquer l'attrait qui y ramène sans cesse
celui qui les connaît, s'il ne se rappelle que c'est une
propriété des montagnes de contenir dans le moindre
espace, et de présenter dans le moindre temps les aspects
de régions diverses, les phénomènes de climats différents ;
d'alimenter avec profusion cette avidité de sentir et
de connaître, passion primitive et inextinguible de
l'homme !* »

Il part avec Simon et un chasseur d'isards, et va coucher
à l'hospice de France. Le lendemain, pluie battante. On
espère en vain voir descendre quelque muletier aragonais
qui dira qu'il fait beau en Espagne. Seconde nuit à l'hospice,
dans un grenier inondé. Sur la fin de la nuit, le ciel semble
se nettoyer par endroits ; vent violent du Sud. Aussitôt,
départ ; montée du port de Vénasque en deux heures, les
vêtements percés par les averses. La Maladetta est couverte,

mais le soleil se montre et la montagne tend à se dégager.
Ramond, parce qu'il a pratiqué les Alpes, ne doute pas de
la monter facilement et sans danger, même de la passer,
d'aller coucher à l'hospice de Viella en Catalogne!!
(toujours l'idée des sources de la Garonne). Le chasseur
d'isards dit qu'en cas d'insuccès, on couchera à l'ermitage
d'Artigue-Tellin. Descente de la Peña blanca en dévalant
sur les bâtons ferrés et arrivée au fond du *précipice* qui la
sépare de la Maladetta. (*Précipice*, ici, est absolument
inouï. Mais alors on voyait des précipices partout!) On
traverse « l'étroit et triste vallon » (le plan des Étangs), et
après un repos et un repas, on attaque la Maladetta par
le milieu de sa base, tout droit, à plein pic.

Montée (à l'Ouest de la Rencluse); rochers, gazons, pins
courts et noueux. Crête, dominant un dernier vallon (le val
de Paderne) d'où l'on voit la montagne en face, « dans toute
son élévation et sa majesté, avec ses neiges, ses débris, ses
profonds ravins, sa ceinture de rochers s'abaissant en spirale
à l'occident. » (Ramond ne peut soupçonner qu'il ne voit
que la moindre partie des Monts-Maudits !). Descente rapide,
pour couper ce vallon, endroit perdu où Ramond juge à
propos de placer ce cri : « *Que ne peut-il vivre ici, où nulle
main ne pèse encore, l'homme paisible qui ne veut pas
plus subjuguer ses frères qu'en être subjugué ! Que ne peut-
il y fuir les orages de la société et ne courber la tête que
sous ceux de la nature !* ». Phraséologie du temps, mais
prophétique. Qui, dans cinq ans, fuira aux Pyrénées les
« orages de la société » ? Ramond.

Nouvelle montée, par le travers d'un petit lac (de
Paderne), en rude ascension, et séparés, chacun cherchant
le chemin pour son compte, le point de ralliement étant une
crevasse au pied de la grande coulée du glacier. Le chasseur
d'isards, pris du mal de montagne, une demi-heure au-
dessous, n'y parvient pas. Ramond et Simon visitent la

crevasse, de quarante pieds de haut. Au moment de continuer, Simon n'a pas ses crampons : il les avait confiés au chasseur ! L'énergique Ramond, très *iceman* pour son temps, part seul, côtoie d'abord le glacier à cause de la trop forte pente, s'y embarque, enveloppé de nuages par instants, choisissant la neige pour s'y ménager une trace en cas de retour par brouillard, mais contraint de couper trois bandes de glaces inclinées comme des toits, et où la position était « mauvaise et véritablement alarmante. » Le glacier traversé (douze cents mètres), il se trouve sous un dernier obstacle, un mur de rochers perpendiculaire, qui paraissait effrayant à monter (dans le vent et les passages de brume, la pente sous les pieds, et seul). Ramond nous affirme que l'escalade fut facile, et qu'il se trouva, selon son estime, *au sommet de la montagne, ou à peu de distance, privé de toute vue à l'Est et au Sud par le brouillard, dans l'impossibilité d'aller plus avant et de vérifier sa situation.* Ce n'est pas net. Du vrai sommet des Monts-Maudits, il était loin. Du pic de la Maladetta, qu'il visait, il pouvait être relativement près. Mais où était-il ? Il parle comme s'il était arrivé, sans rencontrer aucune crevasse et sans franchir de rimaye (ce qui est plus que singulier!), sur l'arête de faîte, sur l'épine dorsale (entre le pic de la Maladetta et le pic d'Albe) : « *Une même nuit confondait au Midi l'air et la terre, et les nuages de cette région, tantôt se soulevant du fond des vallées, tantôt tourbillonnant du haut de l'atmosphère, combattaient pour franchir la crête et franchir le Septentrion. A tous moments je les voyais échapper à leur barrière, m'envelopper d'une épaisse fumée et bondir avec le vent impétueux qui les entraînait sur les pentes que je venais de parcourir....* » Beau, mais trouble. — Le certain, c'est que la Maladetta se refusait... Elle semblait dire : « Les deux sommets des Pyrénées au même homme, ce serait trop ; va au Mont-Perdu ! » Ramond

s'arrêta, vaincu avec gloire dans ce premier duel de
l'homme et de la Montagne-Maudite.

Quinze jours avant, dans ce même mois d'août 1787,
Saussure foulait la cime du Mont-Blanc, vaincue d'ailleurs
depuis un an par Paccard et Balmat. Le sommet des Monts-
Maudits devait résister encore deux tiers de siècle.

Saussure a le bulletin de victoire classique et simple ;
Ramond a l'insuccès superbe et romantique. En homme qui
connaît « la scène à faire » il s'assied à l'abri d'un rocher,
face au Nord : il contemple la partie découverte du tableau,
et « seul, dans un lieu que le pied de l'homme n'avait jamais
foulé, parvenu à la hauteur des Alpes, dans un lugubre
silence, interrompu par le vent qui passe dans les cieux
comme nous sur la Terre ». il s'exalte, il anticipe sur
Lamartine, il chante presque

> D'ici je vois la vie à travers un nuage... !

La vie des montagnes, s'entend. Par une de ces intuitions
qui l'illuminent souvent, il voit les montagnes sortir par
soulèvement du fond des mers ; puis, comme pris du
remords de les avoir laissées s'échapper, l'élément liquide,
sous ses formes atmosphériques, pluies, brumes, neiges,
orages, gelées, les reprenant patiemment, les désagrégeant
sans un instant de répit :

> Ne pourrons-nous jamais sur l'océan des âges
> Jeter l'ancre un seul jour ?...

les creusant de ravins et de vallées, les remportant à la
plaine et dans la mer.

Malheureusement, cette grandiose idée — pour bien nous
faire appuyer, par le temps matériel de la lecture, sur sa

soi-disant prise de possession de la Maladetta — il la noie dans dix pages dont voici une seule phrase échantillon :

*« Je crois voir comment la chaîne était originairement composée d'autant de pyramides de granit, qu'il devait exister de monts principaux ; comment les dépôts quasi-granitiques et de plus en plus argileux, comment les sédiments calcaires plus ou moins homogènes , se couchèrent sur la pente de ces pyramides, tantôt distincts, tantôt alternes, tantôt confondus, tous plus épais dans leur partie inférieure et s'amincissant à mesure qu'ils s'élevaient, tellement que l'inclinaison de ces couches parasites, d'abord maîtrisée par la situation, presque verticale, des rochers primitifs, s'approcha, d'autant plus, de la disposition horizontale, qu'elles s'éloignèrent davantage de leurs bases ; comment cette enveloppe, tendant à former, autour des monts principaux, des cercles concentriques, fut troublée, dans cette tendance, par leur proximité, les premiers feuillets ayant à peine embrassé le demi-contour de l'un d'eux, qu'ils se repliaient pour embrasser le demi-contour du mont voisin ; comment, enfin, les feuillets superposés à ceux-ci, adoucissaient, d'autant plus vite, la courbure de ces sinuosités, que la matière qui les formait se reposait et s'accumulait davantage dans les concavités que dans les convexités, en sorte que bientôt elles perdirent leurs serpentements, devinrent parallèles entre elles, et affectèrent uniformément la direction générale de la chaîne. »* (! !)

Au milieu de cette géologie apocalyptique, et dans une phrase sur l'effrittement et la ruine des grands sommets par le temps (*le fatal clepsydre dénué de fleurs*), il condense le sujet en un mot de génie : « Chaque instant marque sur eux son passage, chaque minute leur porte un coup sensible, la neige les ruine sans relâche, le torrent les déchire sans cesse, leurs débris s'écroulent sans intervalle : PÉRIR EST LEUR SEULE AFFAIRE ! »

## V

### LE TROU DU TORO ET LE GOUEIL DE JOUÈOU.

Le jour avançait. Abandonnant cette Maladetta qui ne voulait pas de lui, Ramond descendit en glissade, appuyé sur le bâton ferré — avec chute finale inoffensive, — rejoignit Simon désolé d'avoir manqué « des objets si grands et si nouveaux », et sur l'indication du chasseur d'isards, qui fit route parallèlement au-dessous d'eux, tourna droit à l'Est, passant plus haut que la Rencluse, sans voir l'engouffrement des eaux de la Maladetta, alla longer l'arête descendante orientale, et vint tomber à un vallon élevé (le plan des Aygoualutz), tapissé de verdure et traversé d'une rivière rapide qu'il prit d'abord pour le torrent de la Maladetta franchi le matin, et qu'il reconnut avec surprise couler en sens inverse et descendre, en deux bras, d'un nouvel amas de montagnes, prolongement de la Maladetta et de « la Malhetta » (*sic* : le pic du Milieu).

Un écartement momentané des nuages fit apparaître en entier, au-dessus d'un épais glacier « creusé sur sa tranche de douze cavernes demi-circulaires comme des arches », un pic aiguisé, blanc de neige, anonyme, confondu avec les monts environnants sous le nom de Maladetta. « Jamais je ne vis rien de si singulier ! » dit Ramond. Et de pressentiment, il ajoute : « *Cette montagne me fit regretter vivement de n'avoir pas plus de temps à donner à mon voyage....* » Sans le savoir, Ramond regardait le point culminant des Pyrénées : le pic de Néthou !

Suivant le cours de la rivière, il la vit bientôt tomber en

belle cascade dans un vaste et profond bassin de calcaire
(le Trou du Toro), d'où elle ne ressortait pas ! « Elle en fait
le tour, cherchant vainement une issue que lui refusent ses
murs, s'arrête sur un gouffre depuis maints siècles comblé
de ses eaux, et s'y endort ». Site merveilleux, et un siècle
après Ramond, des moins connus encore ; il s'est préservé
de la banalité !

L'orifice de sortie est à une lieue et demie, de l'autre côté
de la chaîne Nord du cirque. Les eaux s'y rendent directement, par les cavités que forme le calcaire au contact du
granit. Ramond et ses guides, ne pouvant user d'un tel
raccourci, doivent passer par-dessus la montagne ; ils vont
donc, toujours à l'Est, chercher l'extrême fond de la vallée
de Vénasque, voyant en face d'eux « le fier pic du Toro »
(vraisemblement, ici, le pic Fourcanade, qui est à deux
cornes ; et non le pic des Barrancs), tournent au Nord, et
(par le col des Aranais) descendent dans l'Artigue-Tellin.
Au lac de Poméron (Pouméro), et dans un chaos de débris,
le brouillard les prend, noir comme dans la nuit ; ils ne
s'aperçoivent plus, le chasseur d'isards dirige à la voix.
Vue, par une trouée, sur la fertile pente des monts de la
vallée d'Aran, dorée par le soleil et « d'une couleur vraiment
céleste ». Plus bas, sortie de la brume, passage de la nuit au
jour, et de la plus sauvage à la plus riante nature. Fatigué
(trois mille mètres montés dans la journée, et descendus),
les jambes faibles, tombant — ce qu'il met sur le compte du
terrain gras, — mais enthousiasmé par le retour de la
lumière, Ramond retrouve enfin sa palette du début pour
un dernier tableau : la haute vallée d'Artigue-Tellin, ses
épaisses forêts, moussues, parfumées, aux mille plantes
grimpantes entrelacées ; éclairé par le soleil couchant, un
vaste horizon de sommets émoussés s'abaissant vers les
plaines, pour y mourir comme les vagues de l'Océan sur un

rivage éloigné ; enfin, une caverne (une série d'orifices) vomissant un double torrent, bientôt réuni en une longue cataracte roulant entre les arbres. « Le plus beau fleuve des Pyrénées ne pouvait avoir des sources marquées par de plus beaux accidents ! »

C'est la réapparition (au Goueil de Jouéou) des eaux engouffrées au Toro. Il est admis que les eaux du Néthou, qui normalement devraient aller à l'Essera et à l'Ebre, se sont soustraites à cette obligation, pour venir, au prix d'un voyage souterrain à travers une montagne, retrouver le bassin de la Garonne :

> Elles n'ont pas voulu,
> Lanturlu,
> Quitter le pays de Gascogne !...

Et c'est heureux pour Ramond. Quel est le but final de son voyage ? Les sources de la Garonne. Or, il lui faut écourter, et comme à la Maladetta, se contenter d'un à peu près. Au moins, il pourra toujours dire qu'il en a vu une !

Le Goueil de Jouéou est donc le point terminus de cette tournée-express. Maintenant, retour.

Descente à l'ermitage d'Artigue-Tellin. L'ermite est absent. De bons paysans, riches, heureux, hospitaliers, ouvrent un grenier à foin. Un souper rustique d'une couple de plats est dévoré « avec une faim qu'auraient enviée les gourmands de Rome ». Au bruit de l'orage, « qui ajoute au charme du repos pour celui qui est à l'abri », Ramond s'endort avec volupté, satisfait, calme, « dans une heureuse situation », et se citant des vers de Tibulle.

# VI.

## LE PORTILLON. — LA PEZ ET CLARABIDE.

Le lendemain, il joint la vallée d'Aran à un gros village (Lasbordes). Avec un bel aplomb gascon, et jugeant d'ailleurs que la Maladetta est la dernière montagne capitale à l'Est, il remplace ici la course des sources de la Garonne, qu'il ne fait pas, par la topographie du cours de ce fleuve, depuis le fond de l'Aran et le port de Viella jusqu'à la Tour de Cordouan dans l'Océan; et il intitule crânement son chapitre : *Vallée d'Aran et Port de Viel.*

Par une minime partie de la vallée d'Aran jusqu'à la vue de Bosost, par le Portillon, le val de Burbe, et après un dernier coup d'œil jeté d'une hauteur voisine de Castel-Viel « sur les cimes blanchies et les glaciers orientaux de la montagne d'Oo » (sur les glaciers de Crabioules; là était une merveille à découvrir, la vallée du Lys : cette perle des Pyrénées a échappé à Ramond!!) rentrée à Luchon.

Ici se termine la partie pittoresque de l'ouvrage. Mais si Ramond en a fini avec son récit de voyage, il n'en a pas fini avec le temps désastreux. De quelques fragments incidents de son livre, on peut conclure pour la suite de l'itinéraire :

Retour par le port de Peyresourde, huit jours après l'avoir passé. Surpris par la nuit et par un épouvantable orage, égaré, noyé sous la pluie, il parvient enfin à reconnaître le chemin de Vieille-Louron et retrouve l'hospitalité chez la jeune fille.

Par bourrasques du sud, visite aux ports de la Pez et de Clarabide. Superbe désert sous le pic du midi de Génos, à la séparation des deux passages. « Tout ce qu'on entrevoit dans ces régions paraît de la plus grande forme ». Au port de la Pez, une curiosité : l'amorce d'un tunnel projeté pour amener en France les arbres de la vallée espagnole de Gistain. Dans la gorge de Clarabide : neiges «d'une effrayante inclinaison », brouillard, verglas ; « les plus grands risques » (Ramond a donc connu, par mauvais temps, cette fameuse gorge de Clarabide, aujourd'hui si sûre avec le chemin fait par les Ponts et Chaussées pour utiliser, et abîmer, le lac de Caillaouas, mais auparavant si redoutée par le brouillard, quand elle exigeait une longue marche au jugé, à flanc de précipice ! ).

Enfin, rentrée à Barèges, où le cardinal de Rohan, toujours fastueux, s'était offert la distraction, nous apprend Dusaulx, de donner aux gens du pays un splendide festin sur l'herbe, sur le « Sopha ».

Ramond, poursuit ses *Observations* par quatre chapitres et cent cinquante pages de comparaison des Pyrénées aux Alpes, dans l'étendue de leurs glaces, leur accessibilité, plus facile aux Pyrénées pour les sommets, plus difficile pour les passages, l'influence des hauteurs sur la vie animale et végétale, l'enchaînement mutuel des deux chaînes et la part qu'elles prennent ensemble au dessin de notre continent, dans la différence que leur mines et leur situation géographique ont apportée à la condition de leurs habitants, et termine par des considérations sur l'influence des Phéniciens, Carthaginois, Romains, Barbares, sur les Pyrénées et sur les races.

Toute cette partie, d'un style très soutenu, même pompeux, présente des fragments remarquables. Ainsi la page sur l'état d'équilibre des glaciers, « en marche tour à tour progressive et rétrograde » et l'arrêt forcé de leur extension. A travers la pompe des images, Ramond, qui a des intuitions de génie, pose le principe de cette oscillation des glaciers, dont la science actuelle serait si désireuse de trouver la loi.

Au retour de Barèges, le cardinal et son secrétaire se quittèrent. Le cardinal se retira à Marmoutier, Ramond se fixa à Paris, chez son père, et fit de la politique.

Ses *Observations*, accompagnées d'un rapport flatteur des commissaires de l'Académie des Sciences, Darcet (le précurseur : l'auteur du fameux rapport sur l'état de ruine des Pyrénées, 1776) et le baron de Dietrich, (le minéralogiste, futur maire de Strasbourg — bientôt guillotiné — chez lequel Rouget de Lisle allait créer la *Marseillaise*), parurent en 1789.

En d'autres temps, ce livre eût popularisé les Pyrénées. A la veille de la réunion des États-Généraux, il ne fit aucun effet sur le public. En vain Ramond, très monté pour la Révolution, y avait semé certains passages tout exprès pour paraître dans le ton, et travaillé cette péroraison : « *On dit, on assure que la destinée des Gaules l'emporte : victorieuse enfin, elle va régénérer la France. On croit que les champs et les troupeaux vont rentrer en grâce ; que le peuple va connaître son importance et sa dignité ; que les grands auront besoin, pour se croire tels, des suffrages et du respect de la nation. La République des Gaules va renaître à l'abri d'une autorité douce et consentie.... Que la destinée des Gaules triomphe ! Qu'elle éteigne les dernières fermentations de ce levain d'orgueil et de discorde que les barbares avaient jeté dans notre sein ; et que la plus brillante des nations, devenue la plus sage et la plus heureuse, soit l'amour et l'admiration de la Terre, après en avoir été l'envie !* » En dehors du monde savant, il passa provisoirement inaperçu.

# VII.

## JUNKER.

Simon, le brave Simon, le guide de Ramond, devint le guide de Junker.

Louis-Philippe-Reinhard Junker, né à Hanau en 1751, officier au corps des ingénieurs-géographes des Camps et Armées (c'est le titre que portaient avant la Révolution les officiers ingénieurs-géographes) était l'un des membres de la grande Commission de délimitation de la frontière de France et d'Espagne, formée en 1784. Elle se composait de huit officiers espagnols, et pour la France, du maréchal de camp Jean-Baptiste d'Ornano, de cinq officiers topographes, et de trois géodésiens, Gaultier de Kervéguen, Brossier (depuis, le général Brossier, une illustration dans sa spécialité) et Junker.

Junker passe pour être le premier à qui ait été confié le soin d'employer le cercle répétiteur de Borda.

Les travaux de la Commission durèrent plusieurs années, entre la Rhune et le Mont-Perdu. La Révolution les interrompit. Le comte d'Ornano fut exécuté (et il avait pour pupille celle qui devait faire cesser les exécutions : M<sup>me</sup> Tallien, Notre-Dame de Thermidor !)

Junker, à la suppression des ingénieurs-géographes, est versé dans la ligne en 1791, devient officier d'état-major, chef de bataillon, fait campagne en 1792-1793 aux armées du Midi et des Pyrénées, est blessé, va aux eaux de Barèges ; est promu adjudant-général chef de brigade. En l'an III, à la paix avec l'Espagne, il rédige un rapport pour le Comité de Salut public, sur la délimitation de la frontière, qu'il connaît par cœur, à pouvoir la parcourir la nuit ou les yeux fermés.

En l'an IV, désigné pour l'armée d'Italie, il ne peut prendre ses fonctions. Vingt-six ans de service, surtout les dix années qui ont précédé la Révolution, dit-il, ont affaibli sa vue ; chargé de l'établissement du canevas géométrique qui servait de base à la délimitation franco-espagnole, obligé d'être toujours à la longue-vue, son œil observateur est brûlé ; il ne distingue pas les objets à dix toises . Il est donc maintenu à Bayonne. En l'an VII il est commandant de la place de Lyon en état de siège : commandement très important dans sa difficile situation extérieure et intérieure, il est jugé insuffisant et remplacé. Mort en 1805.

Les travaux, l'existence même de la Commission de délimitation étaient tombés dans le plus complet oubli, ainsi qu'il arrive volontiers pour les militaires, modestes, disciplinés, et rapportant tout leur travail à l'État. Seul le nom de Junker n'avait pas tout à fait sombré, car il accompagnait quelques cotes de hauteur, dont celle du pic d'Ossau et du Balaïtous, citées par La Boulinière et Chausenque.

Mais en 1877, le capitaine du génie Prudent, membre du Club Alpin, découvrait dans un carton d'archives du Dépôt de la Guerre toute une intéressante correspondance de Junker, des registres d'observations et des calculs trigonométriques, l'indication du nom de son guide, Simon Guicharnaud, d'Esterre près Luz. En même temps il retrouvait dans les mêmes archives une carte de la région occidentale des Pyrénées, signée de Junker, donnant les coordonnées de six cents points, et très précieuse pour les indications de noms des montagnes espagnoles. Il a publié dans l'*Annuaire* du Club Alpin cette intéressante carte, ressuscitant ainsi Junker et la Commission de délimitation.

La carte de Junker s'appliquant à la moitié occidentale de

la chaîne, on peut citer, comme contre-partie, un autre
travail militaire : c'est celui du maréchal de Noailles, vers
le milieu du xviii° siècle : *Mémoire relatif aux Pirennées,
légende de tous les cols, passages et ports qui vont de
France en Espagne, traversant les Pirennées à compter
depuis la mer Méditerranée jusqu'au royaume d'Aragon*
(deux exemplaires en copies manuscrites, à la bibliothèque
de Rouen. C'est une sorte de commentaire de la carte de
Roussel, sur toute la région sous-pyrénéenne orientale);
la Cerdagne, et la vallée d'Aran jusqu'au port de Caldas, les
sources de la Garonne, etc., énumération et examen, au
point de vue militaire, offensif et défensif, des montagnes,
rivières, places, localités. Le détail des soixante-quinze
ports, le dernier à l'Ouest étant le port d'Oo, (par où le
maréchal croit, qu'à l'occasion, on pourrait faire passer des
chevaux!) est fort curieux. On y trouve déjà cette remarque :
« La connaissance que j'ai des Alpes et des Pyrénées m'a
fait apercevoir que ces dernières montagnes sont en
beaucoup d'endroits plus difficiles à traverser... à l'exception
du Roussillon, par où les armées ont souvent et commodément passé. Je dis donc qu'en général les Pyrénées sont
plus difficiles à pénétrer que les Alpes. »

# RAMOND

(SUITE)

---

## VIII

ENTR'ACTE. — UNE ACADÉMIE A BARÈGES.
SAINT-AMANS, DUSAULX, PASUMOT.

Il n'était que temps pour Ramond de découvrir les Pyrénées. Savants et écrivains s'y mettaient.

Dès 1789 même, paraissait le *Voyage dans les Pyrenées françaises, dirigé principalement vers le Bigorre et les vallées, suivi de vérités nouvelles et importantes sur les eaux de Barèges et de Bagnères* (par Picqué, de Lourdes). Paris, Le Jay, in-8. Sans saveur, livre de vallées, ainsi que le dit son titre, mais embryon de guide-cicerone (comme tel, était encore réimprimé en 1832). On pourrait citer aussi le *Voyage de Barèges à Gavarnie*, de Noguès, ancien procureur du Roi à Luz, 1789, tiré à petit nombre d'exemplaires.

En 1788 s'étaient trouvés à Barèges, décidément berceau de la littérature pyrénéiste, l'officier, devenu botaniste,

Florimond Boudon de Saint-Amans, d'Agen, de l'Académie
de Montpellier ; Dusaulx, de l'Académie des Inscriptions,
qu'il ne faut jamais nommer sans l'appeler « le traducteur
de Juvénal » ; et l'ingénieur-géographe, minéralogiste,
Pasumot, de l'Académie de Dijon. Ces trois hommes
formèrent une liaison intime, « presque une académie », dit
Pasumot ; une « petite académie », dit Saint-Amans.
Ensemble, ils faisaient promenades et excursions, à pied ou
à cheval : pic d'Ayré, lac d'Escoubous, pic du Midi,
Gavarnie, Cauterets, Bagnères. Chacun exerçait sa
spécialité : Saint-Amans cueillait des plantes, Pasumot
ramassait des pierres, et Dusaulx « faisait de belles
réflexions ». Après quoi chacun écrivit son livre, « suivant
son génie », dit encore Pasumot. Mais les trois livres ont
ceci de commun : d'être chacun le prototype d'un genre
impossible.

Les *Fragments d'un voyage sentimental et pittoresque
dans les Pyrénées, ou lettres écrites de ces montagnes, par
M. de Saint-Amans. Suivi du Bouquet des Pyrénées. A la
société réunie de mes amis les plus intimes* (Metz, Devilly,
1889, in-12), sont le prototype du récit botanico-pittoresque,
haché de *gallium pyrenaïcum, filago leontopodium,
saxifragia aïzoon,* etc., D'ordinaire ce genre est de lecture
difficile. Quand un livre tourne à l'herbier, il cesse d'être
livre.

Mais lorsqu'il s'évade de la botanique, Saint-Amans est un
charmant écrivain. Son « voyage sentimental », botanique
à part, est le petit livre d'un homme spirituel et aimable ;
non pas livre substantiel, certes, et de portée, mais récit
léger, courant : « journal de bagatelles » comme l'appelle
Saint-Amans lui-même. Au total, un précieux tableau de ce
qu'était, en ce temps-là, un mois passé à Baréges avec une
société d'élite, les Dusaulx, les Pasumot, les Malouet, les

Villeneuve, les Costé, les Beauharnais, etc. Dans le détail, quelques jolis morceaux : — l'arrivée aux Pyrénées par Toulouse, Muret, Saint-Gaudens, Montréjeau, Tournai, Tarbes ; — l'ascension du pic du Midi, où Saint-Amans a l'idée juste de comparer les montagnes du Sud aux vagues de l'Océan Atlantique pétrifiées subitement au milieu d'une tempête ; l'arrivée pittoresque de chasseurs d'isards au sommet du pic ; la lecture des noms de touristes inscrits sur les pierres de ce sommet, le plus ancien était de 1734 ; Saint-Amans remarque celui du cardinal de Rohan, évidemment monté avec Ramond ; — l'épisode du montreur d'ours, qui dit mener sa bête par la douceur, et tout aussitôt : *Donnez la patte, b...grrre!* ; — la visite au jardin de l'horticulteur Jacou, à Bagnères, et l'excursion faite avec celui-ci à la pène de Lhéris ; — et enfin une très curieuse page : c'est le périlleux (!) voyage à Notre-Dame-de-Héas, qu'aucun autre baigneur de Barèges n'osa entreprendre (!), bien que le chemin fut pratiqué par des milliers de pèlerins. Saint-Amans vit le petit lac de Héas, qui allait disparaître trois semaines après, dans l'épouvantable orage du 4 au 5 septembre 1788. Il fait un piquant tableau d'un pèlerinage du 15 août : piété et superstition, beuverie et promiscuité, le rocher miraculeux dit *Caillou de l'Araillé*, les prières et les chants de milliers de fidèles, chants qui vont au cœur : Saint-Amans, bien qu'esprit fort, en a les yeux mouillés. Et le vicaire gascon qui pour exprimer la solitude de Héas en temps ordinaire, dit : « *Quand je me retourne au* Dominus vobiscum, *il m'arrive de ne voir en station à la porte de la chapelle que des ours, des loups ou des isards !....* »

Le *Voyage à Barège et dans les Hautes-Pyrénées fait en 1788 par J. Dusaulx.* Didot, 2 vol. in-8 (paru en 1796), est le prototype du genre ridicule.

Jean Dusaulx (le traducteur de Juvénal), futur conventionnel, futur président du Conseil des Anciens, futur bibliothécaire de l'Arsenal, était alors une manière de célébrité. Bon homme ; à soixante ans, on le traitait comme s'il en avait quatre-vingt-dix : le « vénérable Dusaulx ! ». Madame Roland trouvait qu'il parlait comme Nestor, et beaucoup trop. Il était « probe », « sensible », et un peu gâteux ; et bien lui en prit, car il y sauva sa tête. Au 31 mai, ce fut Marat lui-même qui demanda qu'on rayât de la liste des vingt-deux « ce vieux radoteur de Dusaulx ».

Pour une fois, il faut penser comme Marat. Le livre de Dusaulx est un parfait radotage ; mais un livre chef de file. Dusaulx est l'archétype des écrivains prêts à tout, en matière de montagnes, plutôt que de monter dessus. Il se propose de peindre *les sentiments qu'un homme sensible et suffisamment organisé doit éprouver sur les monts du premier ordre* (!), et à la première passerelle de deux poutres sur un ruisseau, il a le vertige, — le pauvre ! — qu'il décrit en six pages (quel psychologue !) : « des ruisseaux de sueur lui descendent de la poitrine et des reins jusque dans les souliers », et il se retire à reculons. (Disons vite que, dans les prisons de la Terreur, Dusaulx fut très brave.) Cependant, il va au pic du Midi ; alors son récit, en sept sections : *montée au pic, station au pic, descente du pic, adieux au pic,* etc., semble l'ascension de l'Himalaya. En descendant, il fait un faux pas : il demeurera persuadé désormais, et il écrira qu'il a gravi les plus périlleux sommets des Pyrénées et n'a dû la vie qu'à la présence d'esprit de son guide. (Dusaulx, pénétré d'antiquité, appelle les guides des *nomenclateurs*.) Il fait aussi des courses approximatives : il monte à la brèche de Roland dans le livre de Ramond, et pénètre par la pensée sous un pont de neige, en se le faisant figurer « par un magistrat recommandable qui eut l'audace de s'introduire avec son épouse sous ce dôme glacé. » Il croit que parler montagnes consiste à se boursoufler ; très naïf, d'ailleurs, et enthousiasmé, hors de lui, il s'excite, il arrive, dit-il, *à ne plus parler notre langue maternelle* (!), *mais une langue d'expressions figurées, de tournures orientales, de poésie inspirée par la nature primitive* (!!). Au pic du Midi, comme un des excursionnistes, jeune et gai, se met à danser et à chanter des couplets de la Comédie Italienne : *Fi donc, fi, monsieur!* morigène Dusaulx, *sont-ce là des manières et des chants dignes de la majesté de la nature?* (!!). Dans cet état, croyant sérieusement faire du « style sublime », il en fait la plus amusante caricature : « *Augustes Pyrénées, franchies par Annibal et chantées par Lucain, et dont je vais tenter la description, je vous salue. Mais après avoir langui treize mois dans les cachots de nos cruels oppresseurs* (*voyez la préface de ma troisième édition de Juvénal*), *comment me rappeler ce qui m'a tant affecté sur vos cimes majestueuses, moi dont les organes s'altèrent de jour en jour* (sic).... *Mais je revois les sources caverneuses des torrents dont j'ai franchi les ondes écumantes, et je plane sur des milliers de pics* (!!!).... »

Ce « vieil ami des muses antiques et modernes » promet aux poètes qu'aux Pyrénées *ils ne manqueront pas de Cithérons* ; des odes, ils en composeront « malgré eux » sur le pic du Midi, — des géorgiques, à Campan, — des satires, à Bagnères, — des idylles, à Cauterets, — des romans, à Saint-Sauveur, — à Gavarnie, l'épopée, — à Barèges, de plaintives élégies. Quant à « nos jeunes Young, tristement épris du genre sombre » , Dusaulx les envoie.... au Tourmalet.

Il dédie son livre aux habitants de Barèges : « *C'est chez vous, mes amis, que j'ai trouvé ce que cherchais depuis si longtemps : de l'innocence et du courage. C'est chez vous que j'ai contemplé pour la première fois la nature, notre*

*mère commune. Non, je n'oublierai jamais la pudeur de
vos femmes, l'ingénuité de vos enfants, la sagesse de vos
patriarches...* » Et la maison de l'humble montagnard
Cabanious, « *qu'on montre avec autant d'empressement
qu'aux environs de Paris l'un des mille châteaux de
nos Plutus engraissés des malheurs de la France.* » Et
encore : « *Hommes intègres, magnanimes, guerriers,
fiers, généreux, sensibles; femmes plus pures que les
neiges qui les entourent; foi conjugale considérée comme
un trésor public. .* » etc. Il y avait du déchet, cependant,
si nous en croyons Saint-Amans, (et Dusaulx lui-même, à
qui son ami et cicérone, l'avocat Dupont, de Luz, futur
membre de l'Assemblée constituante, remettait une notice
sur ce sujet) et la vertu primitive de Barèges souffrait du
voisinage des étrangers, des *Plutus*, des *tailleurs de
pharaon*, qui avaient perverti les habitants en leur trans-
mettant *le poison de luxe*. Mais étonnez-vous donc que
les habitants de ces vallées aient élevé à Dusaulx et Saint-
Amans une plaque commémorative de leur séjour! De leur
côté, Saint-Amans et Dusaulx faisaient apposer sur la route,
au défilé de Saint-Sauveur, une plaque commémorative des
travaux faits au passage de l'Echelle, plaque qu'on y voit
encore aujourd'hui. Saint-Amans avait proposé : « Ici le
voyageur frémira : mais qu'il se rassure, l'art a veillé à
sa conservation ». Dusaulx trouva que ceci manquait de
sublime; il amplifia : « *Contemple ici d'une âme ferme
et d'un œil assuré, depuis le sommet de ces monts
sourcilleux jusqu'au fond de l'abîme, les prodiges de
l'Art et ceux de la forte Nature. Adouci par l'industrie
humaine, le fier génie de ces montagnes défend d'y
trembler désormais!* » Après cinq cents pages de ce style,
Dusaulx termine en redoutant la conspiration de Babeuf et
en ajoutant à la préface de sa troisième édition de Juvénal,
« parfaitement liée à son sujet » dit-il; après les convulsions

physiques, les convulsions politiques....! Les notes qui accompagnent cette préface relative à la Terreur sont naïvement tragiques.

Au fond et sous son sénile verbiage, le bon Dusaulx, qui est écrivain, a senti la nature; les Pyrénées l'avaient affolé (et les prisons aussi. Et bientôt, sans son âge, il eût été fructidorisé!) Pour cela, il a droit aux circonstances atténuantes. De son temps il a eu mieux. Le « sublime » répondait à une mode. Trente ans on parcourut les Pyrénées le livre de Dusaulx à la main. Il fit école.

Quant au livre de Pasumot : *Voyages physiques dans les Pyrénées en 1788 et 1789, histoire naturelle d'une partie de ces montagnes, particulièrement des environs de Barèges, Bagnères, Cauterès et Gavarnie*, imprimerie de Le Clère, in-8 (publié en 1797), c'est le prototype du style minéralogique, pétrosilex, granitoïde, calcaire et argilo-schisteux. Pasumot est sec, il est glacial, mais au moins il ne fait pas de style sublime! Ce n'est pas lui qui montera sur le trépied à propos de la dégradation des sommets, un mot lui suffit : les Pyrénées sont des montagnes « cariées ». (Oh! ces savants!) Il ne se déride un peu que lorsque, dans une descente du Lienz en glissade, il en coûte « l'épiderme de la moitié d'une fesse » à celui qui fait l'arrière-garde. En somme, le récit de son ascension au pic du Midi, avec Dusaulx, Saint-Amans et autres, et au-dessus de la mer de nuages, est déjà très bon, il est à lire; et, dans l'ensemble, ce livre formait pour les vallées de cette région — déjà devenue banale — un guide possible. A Cauterets, Pasumot s'abstint d'aller au lac de Gaube, les gens du pays lui ayant assuré que la marche aurait été trop pénible et d'ailleurs « qu'il y aurait eu trop peu de choses à voir. » (!) Quelques détails sur l'orage de 1788 qui bloqua Barèges. Il fallut évacuer les baigneurs par le Tourmalet,

dans quarante-deux berlines, hissées, puis retenues avec
des cordes. Ce service fut organisé par un traiteur nommé
Casau, connu pour sa manière de faire descendre aux
chevaux les pentes de neige : il les faisait coucher sur le
côté, s'asseyait dessus, et bêtes et hommes partaient en
glissade.

En 1789, Pasumot faisait ses excursions scientifiques
avec un naturaliste : M<sup>me</sup> de Marnésia.

Pasumot, futur hydrographe du dépôt de la Marine
(mort en 1804), est un minéralogiste intransigeant. Il
rapporte lui-même que Saint-Amans était obligé de lui dire :
*Mes plantes valent bien autant que vos cailloux!* Il a une
bonne manière pointue de juger les livres des autres.
Saint-Amans? « *Il est aisé de voir que son objet est la
botanique* ». Dusaulx? « *Son voyage est un poème
philosophique du genre descriptif, en style sublime* ».
Noguès? « *Ce qu'il y a de mieux dans son livre c'est le
nivellement de la vallée de Barèges, par M. Laroche* ».
Et Ramond? dont le bon Dusaulx dit : *Lui, c'est l'aigle
des Pyrénées, nous n'en sommes que les tortues!* Pasumot
est froid; évidemment, pour lui, Ramond manque de
minéralogie : « *Son travail contient des aperçus d'un
grand physicien: l'on regrette qu'il ne soit pas entré dans
des détails de minéralogie. Ses descriptions ont pour but
l'état agreste et la vie pastorale des habitants de ces
montagnes. Mais chacun a son goût.* »

Au moment même où paraissait cette appréciation de
lithologiste féroce, Ramond tentait d'aller prélever un
échantillon minéralogique du sommet du Mont-Perdu.

L'ère des grandes ascensions s'ouvrait. En octobre 1796,
Delfau avait monté le pic du Midi d'Ossau.

# IX.

ATTAQUE DU MONT-PERDU. — LA BRÈCHE DE TUQUEROUYE.

Ramond s'était lancé dans la Révolution comme sur la
Maladetta, d'impétuosité et comptant bien, dit-il naïvement,
rester maître de la direction; mais ici, résultat pire, il fut
précipité et courut risque de la vie. Dès le début, le
« confident de La Fayette » est dépassé, débordé, attaqué
(par Camille Desmoulins), désarçonné. En 1792, député à la
Législative — où il put causer Pyrénées avec Dusaulx et
Reboul — il est dans la résistance : un des chefs du parti
qui voulait faire vivre la monarchie constitutionnelle;
toujours sur la brèche, dit Sainte-Beuve (ce n'est pas sur
cette brèche qu'il devait réussir), mais peu homme de
tribune et improvisateur, peu manœuvrier : il fit des fautes.
Bref, pas de force à tenir devant les Girondins révolutionnaires, doublés des partis extrêmes. Il demanda avec
vigueur le châtiment des auteurs de l'insurrection du
20 juin. La réponse fut l'insurrection du 10 août. Mais déjà
Ramond avait quitté Paris. Il était à Barèges. Le 8 août, il
montait au pic du Midi. (Il y vit un magnifique *spectre du
Brocken*).

Le destin l'avait ramené au pied du Marboré, et si l'on
peut dire, au pied du problème qui le hantait depuis 1787,
depuis son ascension à la brèche : l'ordonnance géologique
des hautes Pyrénées. Dès lors, virtuellement, le siège du
Mont-Perdu commence : il va durer autant que le siège de
Troie !

Singulier contraste ! Deux faits, exclusivement, marquent
le passage de Ramond dans les Pyrénées : une excursion à

la Maladetta, dix jours; une ascension au Mont-Perdu,
dix ans.

Car, remarquons bien son trait distinctif, Ramond n'est
pas touriste, coureur de montagnes pour le pur plaisir,
explorateur des Pyrénées en général, curieux de paysages
rares, ascensionniste par passion. Ramond, qu'un écrivain
de la Restauration cité par Cuvier appelle *le savant
chamois*, est essentiellement un savant, acharné sur une
question et capable de tout monter pour confirmer une
théorie scientifique. Surtout, aucun dilettantisme d'ascensionniste. Pas collectionneur de pics, pas « alpiniste », pas
pressé, nul souci de la primeur des sommets de trois mille
mètres. Le croirait-on? « l'aigle des Pyrénées » ne s'est
posé sur *aucun* sommet vierge. Ramond, en tout, a monté
(et, en fait, pas le premier) *un seul* « pic de trois mille ». Il
est vrai que ce fut le bon!

Désormais, pour Ramond, il n'y aura plus de Pyrénées
en dehors de l'étroite tranche transversale Pic-du-Midi —
Néouvielle — Mont-Perdu. Il n'en sortira plus!

Il étudie la géologie de la chaîne au nord de Gavarnie,
toujours. Il se confirme dans une vérité scientifique, très
simple, encore fallait-il la trouver! En deux mots : on
jugeait alors anormal, inexplicable, qu'au Marboré le faîte
des Pyrénées, l'axe de la chaîne, le centre du soulèvement,
fût calcaire et non granitique; y avait-il donc un calcaire
spécial, primitif, contemporain du granit, comme le pensait
le naturaliste toulousain Picot de La Peyrouse? Ramond
répond : le massif calcaire est le sommet des Pyrénées,
*mais il n'en est pas l'axe*. L'axe est granitique, normal, il
passe plus au nord, au Néouvielle. Le Marboré est à sa
place normale, sur le côté de la chaîne primitive, sur le
flanc du granit. *Il n'a d'extraordinaire que sa hauteur.
C'est un formidable amas de matière secondaire.* Mais

c'est un calcaire ordinaire, un calcaire de sédiment; il doit être fossilifère, coquillier. Ce qu'on vérifiera par une ascension.

Les travaux d'approche, surtout, furent longs et contrariés.

A la fin de 1792, visite au port de Gavarnie; la saison est trop avancée, rien à faire.

En 1793, guerre avec l'Espagne : des postes militaires partout, jusque sur le Taillon, à trois mille mètres. « Le Marboré était un camp fermé aux naturalistes » (surtout à celui qui ne voulait pas être vu!). Ramond va reconnaître de loin le Vignemale, et en prendre des croquis. « A cette époque, il fallait regarder à la hâte et dessiner à la dérobée. »

Péripétie tragique : le 15 janvier 1794, Ramond est dénoncé et arrêté (à Gèdre). Il est jeté en prison à Tarbes. Il évite le jugement immédiat sur place : l'officier du génie Lomet, en mission du Comité de Salut public aux établissements thermaux, dit avoir besoin de ses conseils pour son rapport, et peut communiquer avec lui dans sa prison. Le représentant en mission Monestier lui épargne d'être transféré à Paris. Lomet fait des démarches auprès de Carnot, qui conseille d'être prudent, de le laisser oublier. Thermidor le sauve. Sorti de prison en novembre, il se fixe à Bagnères, avec séjours d'été à Barèges, où il installe définitivement (pour quinze ans !) un cabinet de travail, centre de ses opérations en montagne.

En 1795, paraît le *Mémoire* (de Lomet et Ramond) *sur les eaux minérales et les établissements thermaux des Pyrénées... description des monuments à élever pour utiliser les eaux salutaires à la guérison des blessures des défenseurs de la République.* Paris, Vatal, imprimeur du Comité de Salut public, in-8.

Livre curieux par son début et sa fin.

L'exorde est le prototype du réquisitoire contre les établissements thermaux pyrénéens, en style coupant : « Quiconque a visité nos eaux minérales les plus renommées, s'est convaincu que leurs établissements sont fort au-dessous de leur réputation. Comme bains, rien qui rappelle l'élégance et la propreté des anciens. Comme établissements médicinaux, nullement au niveau des connaissances modernes. Ce sont des établissements gothiques. Les progrès de la science n'y ont eu aucune influence. Où on devait employer des architectes, on a employé des fontainiers. On dirait des bâtiments construits en plaine et amenés sur des roulettes. La science des accidents de montagne est, en France, au berceau... » (l'aménagement des eaux était répugnant ; les pauvres utilisaient les bains des payants. Le commandant de Barèges, de Laurière, avait fait remettre à Necker un mémoire à ce sujet), etc., etc. Et Lomet — futur baron de Foucaulx — conclut : les établissements thermaux doivent être, dans une république, tout autres que dans une monarchie : d'une architecture auguste, digne, simple, sévère, naïve, commode..., etc.

Et pour finir, après avoir énuméré les ressources thermales de Bagnères, Sauveur (*sic*) et Barèges (les dernières consistant alors dans : la douche Républicaine, la douche Nationale, la douche de la Montagne, le bain de l'Égalité, et le bain de la Fraternité), Lomet demande un monument spécial, pour renfermer les « respectables béquilles » des soldats guéris : il serait sur une hauteur, le sentier qui s'y élèverait indiquerait par sa raideur la force acquise par le blessé, qui serait conduit en grande procession par les officiers de santé : les officiers municipaux recevraient ce soldat de la Liberté « sauvé des coups mal

assurés de ses ennemis », qui suspendrait ses « honorables »
béquilles à des drapeaux tricolores, dans ce temple de la
Patrie secourable, qu'on fermerait à la paix comme celui
de Janus...

Étrange, la vision de ce Lourdes civique !

La même année 1795, Duhamel fils, faisant l'ascension du
pic du Midi, se félicite dans son rapport (*Journal des Mines*
de l'an VI) d'avoir été accompagné par le citoyen Ramond.

En 1796, Ramond, déjà célèbre, accepte la place de
professeur d'histoire naturelle à l'école centrale des Hautes-
Pyrénées (les écoles centrales précédèrent les lycées) qu'il
va occuper quatre ans; les meilleures années de sa vie, dit
Cuvier. A la formation de l'Institut, il est membre associé.

Le voilà fixé à pied d'œuvre. La paix avec l'Espagne est
faite. De son quartier général de Tarbes-Barèges, Ramond
juge venu le moment de l'attaque directe.

C'est cette attaque qu'il raconte plus tard, dans son
livre :

*Voyages au Mont-Perdu et dans la partie adjacente des
Hautes-Pyrénées, par L. Ramond, du Corps Législatif et
de l'Institut national, professeur aux Écoles centrales,
membre de plusieurs Sociétés savantes.* Paris, Belin,
imprimeur-libraire, rue Jacques, n° 22; an IX - 1801,
un vol. in-8 de 392 pages, avec une vue et cinq planches
(Très rare. Le titre est trompeur : il faudrait *Voyages
manqués au Mont-Perdu*, le voyage réussi ne viendra que
plus tard).

Livre capital, absolument différent des *Observations*.
Dans l'ensemble n'ayant plus cette jeunesse, cette fraîcheur
d'impressions, qui font du premier ouvrage de Ramond la
*Manon Lescaut* ou le *Paul et Virginie* du genre.
Dans le détail, supérieur, de plus grande envergure. Les

*Voyages au Mont-Perdu* sont essentiellement un mémoire géologique, aujourd'hui suranné, mais coupé de descriptions de premier ordre (de la plus grande forme, pour emprunter à Ramond lui-même une de ses expressions). Plus de placages déclamatoires, Ramond est désabusé ; et cependant pas encore le style scientifique sec. Manière de transition entre le XVIIIe et le XIXe siècle. Ce n'est plus une galerie de tableaux ; c'est un cabinet d'histoire naturelle, mais orné de fresques grandioses ; c'est le livre classique de la littérature des hautes régions.

Donc, en 1796, Ramond « va chercher la route du Mont-Perdu ». Ici encore, « après plusieurs années d'observations pour comprendre l'importance d'un pareil voyage » (ceci est tout de même un peu excessif), il faut encore « une année, à peine suffisante, pour le préparer ». Employée à quoi ? On ne le devinerait jamais. A savoir où est le Mont-Perdu ! « Il porte bien son nom, on ne sait où le trouver. » D'aucune vallée française il n'est visible. Par où attaquer ? Enfin Ramond découvre (ou se rappelle, car il le savait déjà en 1787, sur l'indication de Reboul), que, de l'entrée de la vallée contiguë à celle de Gavarnie à l'Est, de la vallée d'Estaubé, on voit poindre au-dessus du mur du fond un fragment de calotte blanche. C'est la cime de l'introuvable montagne. Voici le point d'attaque fixé, par le Nord. Il faut gravir le mur du fond. De deux choses l'une : ou il est lui-même la base du Mont-Perdu et il n'y aura qu'à continuer vers le sommet ; ou entre cette base et le sommet, il y a de l'imprévu, et l'on saura lequel.

Cette fois Ramond n'est plus seul. Il fait l'étonné de ce que son projet ait été éventé. Au fond, il a tout fait pour cela : l'ascension a même été annoncée par le journal de Tarbes. Mais il est un peu mystifié. Qui est venu lui demander de l'accepter pour compagnon ? Son rival scientifique, l'homme du calcaire « primitif », La Peyrouse ! Et il amène son fils, et son élève Frisac, et jusqu'au jardinier de l'école centrale de Toulouse, Ferrière ! Ramond ne pouvait refuser à ce cher collègue, avec lequel il était en relations aimables et en discussion géologique. Mais tout ce qui, dans le récit de Ramond, va concerner La Peyrouse, il faudra le lire soigneusement entre les lignes ; on verra bientôt pourquoi.

C'est une véritable colonne expéditionnaire qui partit de Barèges le 11 août 1797 — vingt ans juste après le voyage en Suisse, dix ans après la tentative sur la Montagne-Maudite — : Ramond, les jeunes Mirbel et Pasquier, de Paris ; Corbin et Massey, élèves de Ramond à l'école centrale de Tarbes ; La Peyrouse père et fils, Frisac, Ferrière ; les guides Laurens et Antonin Mouré. On vint coucher dans une grange de la Coumélie : temps menaçant. Ramond employa la nuit à se pourvoir d'un renfort de guides : un chasseur d'isards de Héas et deux habitants de la Coumélie.

Au point du jour, la colonne des quatorze entre dans la vallée d'Estaubé.

Ici description toujours citée, mais surfaite : que signifie au juste : « C'est à la fois le calme des hautes régions et des terrains secondaires, Les masses largement modelées offrent ces contours coulants mais fiers qu'aucun accident ne fait sortir des limites du beau. Tout s'élève ou s'abaisse suivant de justes proportions. Rien ne trouble l'harmonie d'un dessin dont la sévérité modère la hardiesse. Une couleur transparente et pure, un gris clair légèrement animé de rose, sympathisant également avec la lumière et l'ombre dont il adoucit le contraste, accompagne dans l'azur du ciel des cîmes qui en ont revêtu d'avance les teintes éthérées... » (??) Mieux vaut ce cri : « Si l'on appelle vertes les prairies de la plaine, comment qualifier ces

pelouses, près de qui la verdure même des vallées inférieures a je ne sais quoi de cru et de faux ? »

Après quatre heures de marche, on se trouve au fond du
cirque d'Estaubé, et au pied du fameux mur. Grand conseil
de guerre sur la route à suivre. Deux bergers aragonais
conseillent de passer le port de Pinède (Port-Neuf, port de
la Canaou d'Estaubé), de descendre dans la vallée espagnole
de Béousse (de Pinède, ou de Bielsa), de remonter au col de
Fanlo (col de Niscle), et de là directement au Mont-Perdu
par la face Est. C'était le chemin par lequel Ramond devait
arriver dans cinq ans ! Heureusement il ne le prit pas : à
réussir de suite, il eût perdu ! Un contrebandier espagnol
conseilla de monter le fond du cirque d'Estaubé plus à droite,
sous un sommet que, de la couleur de la roche, on appelle
la Tuquerouye (prononcez *Tuquerouille :* mont-rouge), et
par un plan incliné, haut de quatre cents mètres, couloir
rempli par un étroit glacier et conduisant à une brèche
s'ouvrant directement sur le Mont-Perdu. Joignant l'exemple
au précepte, le contrebandier partit aussitôt par cette voie.

Son avis flattait le désir de Ramond qui en tenait pour
son mur de fond. Contre tous, il opina pour le glacier,
déclarant qu'il partirait plutôt seul. On le suivit.

Heureuse audace ! Il était écrit que Ramond ne manquerait
pas la BRÈCHE DE TUQUEROUYE.

Mais cette brèche bientôt si fameuse, il était écrit aussi
que La Peyrouse, lui, la manquerait. Dès qu'on aborda la
neige, il resta en détresse. Il fallut l'abandonner au pied du
glacier, à la garde du guide Mouré.

Séparation caractéristique et piquante ! Car jusque-là la
carrière de La Peyrouse offrait avec celle de Ramond un
parallélisme étonnant : de bonne famille, riche, d'éducation
à la fois littéraire et scientifique, ayant donné sa démission
d'avocat général au parlement de Toulouse pour évoluer

définitivement vers la botanique et la géologie ; mêlé à la
politique lors de la Révolution, emprisonné par la Terreur,
sauvé par Thermidor, puis professeur d'histoire naturelle à
l'école centrale de Toulouse, et membre associé de l'Institut ;
pyrénéiste enfin, comme Ramond, plus que Ramond, car en
qualité de toulousain il l'était de naissance. Il y avait trente-
quatre ans qu'il pratiquait les Pyrénées. Mais du « vieux
jeu » botaniste ou « tortue », il eût vécu deux cents ans que
toujours il se fût tenu dans les vals d'Esquierry et sur des
demi-pics sans avoir un instant l'idée de l'*excelsior*. Et
comme publications, il n'en était encore qu'au premier
fascicule d'une flore pyrénéenne avec planches de Redouté.
Son cadet de onze ans, Ramond, tombant du Nord et tirant
un livre sur les Pyrénées d'un mois de Barèges en amateur
et d'une promenade à Luchon par des voies connues, lui
semblait, comme on dirait aujourd'hui, un peu « faiseur ».
L'occasion d'un exploit venue, cependant, La Peyrouse se
risquait à sa suite ; puis, au moment décisif, au premier pas
sur la neige après trente-quatre ans de Pyrénées, il s'effon-
drait ! Non qu'il fût hors d'âge : cinquante-trois ans. Mais,
dit négligemment Ramond, *il n'avait pas l'habitude des
montagnes !* On lui fit essayer des crampons : *ce secours lui
était aussi étranger que les lieux qui obligent d'y avoir
recours...* Ramond fait l'empressé : *in petto* était-il chagrin
de laisser le « calcaire primitif » en si triste posture ?

Le couloir de Tuquerouye est fort capricieux : facile ou
très difficile suivant l'état de la neige ou de la glace. Ce
jour-là il fut moyen. Des pas à tailler avec les marteaux de
géologue, mais nul incident, sauf le renflouement comique
du contrebandier espagnol, parti si brillamment en avant,
et échoué sur un rocher à la suite d'une glissade. Après deux
heures d'une ascension « qui ne fut qu'un jeu », dernière
pente de glace, dernière inquiétude, dernier effort, on s'anime,

on s'excite, la brèche paraît, on sent le vent froid qui en débouche, on se hâte, on s'élance... cris de saisissement, et stupeur, à l'apparition subite et écrasante du Mont-Perdu, sombre, la cime dans la brume, versant de huit cents mètres de haut ses glaciers « en larges et immobiles cascades » dans un lac glacé entouré de neiges éblouissantes et reposant au milieu d'une aire désolée ! *Le Mont-Perdu! Voilà le Mont-Perdu!* A droite, le Cylindre, plus menaçant, plus prestigieux que le Mont-Perdu lui-même. C'est lui que les guides s'obstinaient à nommer le Mont-Perdu (le *Moum-Pergut!*) Spectacle sublime ! *Un instant indivisible l'avait développé dans toute sa majesté!* Et, comme pour le mettre à l'échelle, « trente-et-un isards errant sur la glace du lac et se désaltérant dans ses crevasses. Au premier cri, ils s'enfuirent en bondissant vers les crêtes occidentales... »

Page incomparable! Mais quelle merveille, cette vue de la brèche de Tuquerouye, la plus belle découverte peut-être qu'ait faite un ascensionniste, et simplement à 2,800 mètres!

Découverte? Cependant cette région était pratiquée par l'homme : passage de contrebandiers. Mais les contrebandiers ne savent point écrire, et dès lors ne comptent guère plus que les isards. Toutefois, ils parlent, et par eux avait pu se répandre depuis longtemps la vague notion d'un lac glacé espagnol, source d'une cascade et d'une rivière (la Cinca), lac que les géographes, qui ne l'avaient pas vu, s'avisèrent de préciser, en le transposant d'une lieue plus à l'Ouest, en un *lac des Tours du Marboré* situé en Espagne (*sic*) et source de la cascade de Gavarnie et du gave de Pau. Ce fameux lac imaginaire figura longtemps sur les cartes, et naturellement il finit par se trouver un témoin sérieux (l'ingénieur Moisset) pour l'avoir vu ! Ramond y croyait.

Il était midi. Trop tard pour entamer l'ascension du Mont-Perdu. On descend sur la glace du lac, on court au calcaire. Aux premiers coups de marteau Ramond

voit apparaître des fossiles, coquilles, polypiers : c’est la
victoire, la confirmation de ses idées : pour lui, décidément,
le massif calcaire, un jour de cataclysme, a été apporté du
Midi, à l’état visqueux, et déposé sur le flanc Sud des
Pyrénées primitives, par un flot immense dont les eaux,
franchissant la crête, sont allées se perdre au Nord... Hors
de lui, Ramond appelle ses compagnons, on s’acharne sur
ces rochers « tout empâtés des débris du règne organique. »
Les jeunes gens déliraient : — Restons, demain nous
monterons le Mont-Perdu. — Et le froid de la nuit? —
Qu’est-ce devant une pareille espérance! — Et les vivres?
— On saura s’en passer... Sur ce, un roulement de
tonnerre; ce n’était qu’une avalanche *ex machinâ*, mais les
plus déterminés pâlirent, et l’on partit.

Nouveau coup de théâtre. A l’Est du lac, en s’avançant
au bord d’une vaste terrasse plane, brusquement, à treize
cents mètres sous les pieds, la vallée espagnole de Béousse
(de Bielsa, de Pinède) fuyant, droite, à perte de vue
(quinze kilomètres). « Mais qu’elle était ravissante, cette
vallée!... Riche du luxe de la nature et belle de sa sauvage
beauté, c’est la terre aux premiers âges de sa naissance...
Et ce torrent né du Mont-Perdu, la Cinca, dessinant son
cours au fond de cette longue tranchée... Quel est donc le
charme secret de ces déserts?... » La page est célèbre,
d’allure xviii<sup>e</sup>, plus littéraire qu’orographique. (Ah! si
Ramond avait su les noms des pics; s’il avait pu préciser ce
qu’il voyait, jusqu’au Posets, à douze lieues!)

Sur l’indication du contrebandier, Ramond avait conçu
le plan de descendre par le fond du cirque de Pinède, de se
faire rejoindre par La Peyrouse dans la vallée de Béousse,
et de remonter ensemble le lendemain. Il avait expédié un
guide à son collègue, par la Tuquerouye, pour lui dire de
venir le retrouver en passant le port de Pinède.

Au bout de deux heures de descente (autre page

superbe ! » sur cette fameuse muraille des *Parets* de Pinède,
on était encore loin de la vallée. Jamais La Peyrouse ne
sera capable de remonter par ici ! se dit Ramond ; et
changeant de route, on se dirige à gauche, droit sur le
port de Pinède, que précisément La Peyrouse venait de
passer. On lui conte l'ascension, on lui exhibe les fossiles.
« Il marqua du dépit ». C'était l'écroulement de ses
théories... Mais il n'allait pas en être embarrassé.

En possession désormais d'une contrée « dont les savants
allaient envier la découverte », dit Ramond — et avec
raison, car à la Tuquerouye il est absolument sur un terrain
à lui, où l'empreinte de ses pas est marquée pour toujours
— on repassa le port de Pinède, et l'on revint coucher au
point de départ dans la vallée d'Estaubé, à la cabane de
*l'Abassat-Dessus*. Un épouvantable orage s'abattit, termine
Ramond, « sur ces montagnes que je venais de parcourir si
heureusement et de quitter si à propos ».

## X.

### LE *JOURNAL DES MINES* DE VENDÉMIAIRE AN VI.

Ici une scène de haute comédie, dont le scénario est
ceci :

Au fond, Ramond regarde comme un intrus dans son
expédition La Peyrouse, qui regarde Ramond comme un
intrus dans les Pyrénées. L'un et l'autre sont tenus à tous
les ménagements de forme. Mais chacun d'eux va s'efforcer
de mettre la main sur le Mont-Perdu, sur lequel aucun
d'eux n'a mis le pied.

Rentré à Barèges, ou à Toulouse, La Peyrouse rédige
aussitôt, pour l'Institut, un *Voyage au Mont-Perdu* (cité
par toutes les biographies), où il abandonne sa théorie,

adopte brusquement celle de Ramond et fait des prodiges de dextérité pour ne pas dire qu'il n'était pas à la Tuquerouye. « Toujours occupé de la constitution physique des Pyrénées, dès 1786 j'avais des doutes sur l'origine du calcaire du Marboré, le minéralogiste Gillet-Laumont y ayant trouvé des fossiles. Cette observation avait fait naître en moi un vif désir de tenter l'approche du Mont-Perdu. Je pressentais qu'on ne trouverait que là la solution du problème... Ramond *que des circonstances particulières ont placé au pied du centre de la chaîne*, était résolu d'exécuter *enfin* cette entreprise qu'il méditait *aussi....* J'arrive à Barèges, *nous concertons nos moyens*, nous nous mettons en marche pour nous frayer une route vers des lieux que l'œil seul du philosophe avait jusqu'ici contemplés. *C'était sans doute un spectacle intéressant pour les amis des sciences que de voir deux professeurs d'histoire naturelle, suivis de quelques-uns de leurs disciples, réunir leurs efforts, braver les dangers pour aller interroger la nature...* Arrivés sur les hauteurs de Tuccaroy, il fallait hasarder de gravir une pente très longue et très raide, ou franchir le port de Pinède. La première route était périlleuse mais plus courte, *elle fut préférée.* Après trois heures de montée *la brèche fut passée.* Nous avions pensé qu'à cette élévation *on toucherait* aux premiers gradins du Mont-Perdu, vain espoir! un grand lac totalement gelé ferme le passage. *Dans les années très chaudes les accessoires qui rendent cette vallée de glace si intéressante doivent en varier la décoration.* La descente *fut exécutée* par un endroit appelé les *Parets*, les murailles : ce nom seul dit que ces roches sont perpendiculaires et qu'on ne peut placer les pieds que sur quelques pointes. *Nous remontâmes* ensuite au port de Pinède. Nous vîmes que le Mont-Perdu a trois sommets; on pourrait atteindre le plus bas par la vallée d'Ordessa » — (Ah! si la Peyrouse avait pu savoir quel nom ce sommet alors anonyme devait porter un jour!) — « mais le plaisir de monter 3,400 mètres ne serait pas compensé par les dangers. Nous revînmes fort tard... *Le Mont-Perdu est plein de fossiles et il a été formé par les eaux de la mer...* » Etc.

Avec la faculté particulière des méridionaux, La Peyrouse a dû finir par être convaincu que toutes ces idées étaient de lui et qu'il avait monté la Tuquerouye.

Sa relation fut donc lue à l'Institut. Mais déjà l'habile Ramond, bon *struggleforlifeur*, et peu homme à se laisser souffler le Mont-Perdu, avait triomphalement paré le coup. Déjà avait été lue à l'Institut une lettre de lui, du 21 septembre, à son collègue Haüy, écrite en style *veni, vidi, vici* : « Je me flatte, citoyen, que vous n'apprendrez pas sans intérêt ce qu'il y a de plus remarquable dans les résultats de ma campagne de cette année. Je m'empresse de vous en faire part avec la confiance que les moments que je prendrai sur vos loisirs seront payés par le fait géologique qui est l'objet de cette lettre... J'avais le bonheur de posséder notre collègue La Peyrouse, je fis tous les efforts pour jouir de sa compagnie dans ces régions, ses forces ne lui permirent pas de me suivre, je le laissai au pied du glacier... Je ne vous fatiguerai pas du détail de mes propres fatigues. Nous atteignîmes une crête à la hauteur de la partie moyenne du Mont-Perdu. Je n'ai rien vu, même dans les Alpes, de plus magnifique, rien, pas même aux approches du Mont-Blanc. Le Mont-Perdu est calcaire, réellement calcaire, secondaire. Des corps marins à la crête des Pyrénées, phénomène merveilleux! Je passai dans la vallée et au port de Pinède. La Peyrouse a vu le revers des montagnes que je visitais. *J'ai repris la route du Mont-Perdu il y a quinze jours* ; nous avons beaucoup souffert, et je n'ai pu atteindre la cime, mais le ciel était admirable, tout enfin m'a été manifesté... » Etc.

**Et,** dans le même numéro du *Journal des Mines* de
vendémiaire an VI, octobre 1797 (si curieux pour l'histoire
de la découverte des Pyrénées), le *Voyage du citoyen
La Peyrouse au Mont-Perdu, observations sur les crêtes
les plus élevées des Pyrénées*, était immédiatement
précédé d'un extrait intitulé : *Deux voyages du citoyen
Ramond au Mont-Perdu, sommet le plus élevé des Monts
Pyrénées... ! !*

Le toulousain fut submergé (le naufrage de La Peyrouse !).
Il ne revint plus dans les Pyrénées.

Mais Ramond ne le lâcha pas ! Dans son récit de 1801,
dont nous avons désormais la clef, il se paie, comme on
dirait maintenant, la tête de La Peyrouse (Ramond a toujours
passé pour caustique) ; il l'assassine de prévenances : « Je
vis arriver à Barèges, *pour sa santé*, La Peyrouse : je lui
communiquai sans réserve tout ce que j'avais fait, tout ce
que je me proposai de faire. J'aurais voulu le mener partout
à la fois : *ses habitudes ne lui permettaient pas de s'exposer
aux fatigues*. Ne pouvant le conduire dans la région granitique, *je lui mis sous les yeux des dessins de cristaux*.
J'aurais désiré le mener au pic du Midi, *il ne put m'y suivre*.
Il désirait avoir des grenats du pic d'Eyrelids, j'y menai
*son fils*. Je l'encourageai à risquer l'aventure du Mont-
Perdu ; j'ai tant de fois facilité l'approche de nos montagnes
*aux personnes les moins familiarisées* que je ne déses-
pérais pas du succès... » Ainsi de suite, *il n'avait pas
l'habitude des montagnes*, etc., et pour finir, d'un air
détaché, ce coup au cœur du botaniste : « La Peyrouse
voulait connaître plus exactement les plantes de nos montagnes, j'ouvris mon herbier, j'indiquai les saisons et les
lieux, je dirigeai les herborisations de ses élèves ; je lui
donnai mon guide qui tenait le fil du labyrinthe des Hautes-
Pyrénées que j'avais si péniblement démêlé. J'eus le plaisir
de lui faire recueillir en un moins *sept ou huit cents plantes*

qui m'avaient coûté plusieurs années de recherches, et de
devoir à son concours *cinq ou six espèces...* » Ramond
passe ici la mesure, vis-à-vis d'un savant de notoriété, maire
de Toulouse et destiné à avoir son buste dans la « salle des
Illustres », au Capitole. Mais il ne faut pas se le dissimuler,
Ramond a désormais une tendance à tout rapporter à lui, et
à parler par *je,* à la première personne.

La Peyrouse, suffoqué de ces huit cents plantes, ne retrouva
la parole, pour arriver à la riposte, qu'en 1813 !

Ramond était reparti pour le Mont-Perdu le 7 septembre,
avec Mirbel et Pasquier, l'agronome Dralet, juge à Auch
(futur auteur de la *Description des Pyrénées*), le guide
Laurens, un autre homme de Barèges à l'essai, qui fut une
gêne, et le fameux Rondo de Gèdre. Pour gagner du temps
on alla coucher au pied de la Tuquerouye ; du plus loin que
Ramond vit le glacier il le considéra avec souci, son aspect
était changé et inquiétant. En effet, cette fois, il fut extrêmement mauvais. C'est là l'ascension célèbre de *l'échelle
de glace de Tuquerouye.* Pendant deux heures, on tailla
des pas ; puis vint une bosse de glace impossible à aborder.
Sur le conseil de Rondo on se rejeta à droite, et l'on alla
se mettre à cheval sur l'arête de glace de la rimaye, que l'on
monta en l'écrétant. Complication, l'homme de Barèges
avait le vertige. On mit cinq heures à atteindre la brèche.
Exagération ou maladresse, a-t-on pu penser depuis. Exagération, non : longtemps après, Dralet racontait cette même
montée dans des termes identiques. Maladresse, non : de
nos jours, des montagnards éprouvés (Eugène Trutat, et le
guide Henri Passet) ayant abordé, *en fin de saison,* cette
Tuquerouye que l'on monte en moins d'une heure dans de
bonnes conditions, y ont retrouvé les mêmes difficultés. (Et
nous ne savons pas dans quelle *forme* était le glacier
en 1797.)

Comme dédommagement, la vue fut magique. Cette fois, soleil éclatant : le Mont-Perdu resplendissait, les glaciers étincelaient ; le lac, dégelé, était d'azur. C'est alors que Ramond entonne cette fanfare si fameuse, et toujours citée : « En vain j'essaierais de peindre la magique apparence de ce tableau : en vain j'essaierais de dire ce que son apparition a d'inopiné, d'étonnant, de fantastique au moment où le rideau s'abaisse, où la porte s'ouvre, où l'on touche enfin au seuil du gigantesque édifice : les mots se traînent loin d'une sensation plus rapide que la pensée ! On n'en croit pas ses yeux ! On cherche autour de soi un appui, des comparaisons : tout s'y refuse à la fois. Un monde finit un autre commence. Quel repos dans cette enceinte, où les siècles passent d'un pied plus léger qu'ici bas les années ! Quel silence sur ces hauteurs où un son tel qu'il soit est la redoutable annonce d'un grand et rare phénomène ! Quel calme dans l'air, quelle sérénité dans le ciel qui nous inondait de clartés. Tout était d'accord, l'air, le ciel, la terre et les eaux, tout semblait se recueillir en face du soleil et recevoir son regard dans un immobile respect ! J'ai vu les hautes Alpes à l'âge où l'on voit tout plus beau et plus grand que nature, mais ce que je n'ai pas vu, c'est la livrée des sommets les plus élevés revêtue par une montagne secondaire. Ces formes simples, ces coupes nettes, ces rochers si sains dont les larges assises s'alignent en murailles, se courbent en amphithéâtre, se façonnent en gradins, s'élancent en tours où la main des géants semble avoir appliqué l'à-plomb et le cordeau, voilà ce que personne n'a rencontré au séjour des glaces éternelles.... *Du Mont-Blanc même il faut venir au Mont-Perdu : quand on a vu la première des montagnes granitiques, il reste à voir la première des montagnes calcaires.* »

Quelle fortune pour Ramond qu'un Mont-Perdu, et pour le Mont-Perdu quelle fortune qu'un Ramond ! Et cependant.

lui parti, de longtemps personne, sauf Parrot et quelques
contrebandiers ou chasseurs d'isards, ne s'avisa d'aller
voir « la première des montagnes calcaires » du haut de
Tuquerouye !

Mais sa dure ascension venait de faire passer à Ramond
toute idée de continuer sur le Mont-Perdu. Il eût voulu
revenir par l'ouest (col de l'Astazou) et aller reconnaître le
soi-disant lac du Marboré (et cette région Est du cirque de
Gavarnie, que les auteurs d'alors nomment la Frazona, la
Stazona, l'Astason, l'Estazon, l'Astazou, et qui du temps
même de Ramond se dédoublait déjà en plateau du Cylindre
ou pic de Marboré d'aujourd'hui, et en pic de l'Astazou
proprement dit). Mais de ce côté la rive du lac lui parut trop
raide et impraticable. On tourna à gauche (à la première
coulée de neige, perfide, l'homme de Barèges glissa et faillit
tomber dans le lac), et après force géologie, — ici quelques
lardons supplémentaires à La Peyrouse à propos de fossiles
— le retour se fit, comme dans la première ascension, par
les Parets et le port de Pinède, d'où Ramond jouit encore
de la nature « sur les restes de ces structures guerrières que
la paix livre à la destruction ». L'intrépide Rondo avait
accepté de redescendre seul par la Tuquerouye pour aller
allumer dans la vallée d'Estaubé un feu, qui servit de point
de direction à la caravane descendant du port de Pinède
à la nuit.

Au retour, peut-être Ramond rencontra-t-il aux environs
de Saint-Sauveur, un peintre, Jalon, de Bagnères, observant
la nature pour mettre la montagne sur sa toile, et un
philosophe s'observant lui-même, et prenant des notes sur
ses états d'âme pour un futur livre sur les Pyrénées : Azaïs.

# XI

## TROUMOUSE. — LA BEAUMELLE AU VIGNEMALE.

L'échelle de glace avait complètement refroidi Ramond
sur le Mont-Perdu. Il n'était pas heureux avec les sommets !
Il énumère les impossibilités qu'on rencontre de tous côtés.
« Que d'incertitudes et d'embarras pour cinq cents mètres
qui restent à monter ! » Mais il n'est pas homme à finir son
récit sur un échec. Le talent du vaincu de la Maladetta et
du Mont-Perdu est précisément de se raidir contre les
insuccès ; ce grand metteur en scène est extraordinaire
pour les transformer en victoires. Puissance du style !

D'abord, les raisons, qui ne sont pas d'un pur ascensionniste. Après tout, dit-il, il connaît la nature du Mont-
Perdu jusqu'au sommet ; l'ascension perdrait beaucoup de
son intérêt ; il n'y a à regretter que la vue ; mais ces
montagnes qu'on verrait en bloc et de loin, on peut aller les
voir en détail et de près, on les verra bien mieux......, etc.
C'est ce qu'avec désinvolture il appelle « être ramené par
les connaissances acquises au Mont-Perdu à l'observation
de la chaîne *entière*... » Dans la pratique, la « campagne
de 1798 » consista en promenades géologiques dans les
« parties adjacentes ».

Excursion au port de Gavarnie et au val des Espessières.
Sur la route de Gavarnie, maintenant, Ramond trouve des
fossiles partout. Comment ne les avait-il pas vus plus tôt,
se demande-t-il un peu confus ? Et de répondre : parce que
sur cette route on est toujours occupé à regarder le Marboré :
*une fois que le Marboré s'est saisi du spectateur, on ne*
*sait plus où l'on est, et il n'y a plus que lui dans tout ce*

*qui mène à lui*. La raison n'est pas trop scientifique :
qu'importe ! si le mot est beau !

Ici, Ramond passe à deux doigts d'une idée géologique
nouvelle et capitale. Il parle « de l'obliquité des chaînons
primitifs, dont chacun à son tour conquiert la prééminence. »
De là à voir les chaînes de montagnes se conduisant comme
une lézarde de murailles, composée de crevasses partielles
et obliques, et à conclure à la théorie du plissement, il n'y
avait qu'un pas à faire. Mais il ne le fit point.

En fin de saison, Ramond organise une double reconnaissance géologique parallèle, à l'Ouest et à l'Est de
Gavarnie. Celle de l'Ouest sur le Vignemale, il la laisse à
La Beaumelle, professeur d'histoire naturelle à l'école
centrale de l'Ariège, qui revenait de la brèche de Roland.
(Bien qu'il l'ait pratiqué pour herboriser, le Vignemale n'a
jamais été la montagne de Ramond).

Pour lui, il se réserve l'expédition de l'Est. Le voici parti
en grande cavalcade, avec toute une société, et Saint-
Amans, « mon ami Saint-Amans, que j'avais mené il y a
deux ans au Néouvielle voir *le granit en place* ; l'aimable
Saint-Amans, l'intéressant compagnon du respectable
Dusaulx ; Saint-Amans, que l'on est déjà disposé à aimer
pour peu que l'on connaisse les Pyrénées et l'un des écrits
les plus naïfs et les plus agréables qu'elles aient inspirés à
un amant de la nature ». Saint-Amans était professeur
d'histoire naturelle à l'école centrale d'Agen (son collègue
de la physique y était Lomet, qui resta peu : il reprit du
service dans l'armée. Au retour de la campagne d'Austerlitz
le colonel Lomet, baron de Foucaulx, fut, avec le général
Lejeune, l'importateur de la lithographie en France).

Est-ce la présence de Saint-Amans ? Ramond rajeunit, il
redevient très xviiie. Dans la nouvelle narration du trajet
Saint-Sauveur-Gèdre « qu'on ne peut pas plus décrire

qu'épuiser, grande et fière nature que n'ont pu rendre
triviale ni d'insipides descriptions, ni de burlesques pein-
tures, ni le concours même que sa célébrité lui attire », il
est tout aux plantes, y compris le fameux *aconit napel*, aux
papillons, aux oiseaux. Jamais il n'a été plus Bernardin de
Saint-Pierre. « Le millepertuis à feuille de nummulaire
tapisse les rochers qui supportent l'arche de Sia, l'œillet de
plume parfume les gazons qui les dominent ; l'amélanchier,
le sorbier des oiseaux se penchent sur le précipice ; la
cataracte mugit entre deux murailles où se plait le lys des
Pyrénées et que couronnent le tilleul à larges feuilles et
l'érable à feuilles d'obier.... » Le merle d'eau fréquente les
torrents de Pragnères ; la fauvette des Alpes habite ses
rochers, le grimpereau de muraille descend sur ses masures ;
les choquarts se mêlent aux corbines et aux frayonnes.
« Qu'ils ont de grâce, les légers parents des maussades
corneilles ! Qu'ils sont élégants et lestes ! A terre, en l'air,
ce n'est que jeux, que défis, que combats ! On ne peut se
lasser d'admirer la prestesse de leurs mouvements...! Nous
marchions environnés de ces troupes volages..... » La
grotte et la cascade de Gèdre lui semblent un *bain de Diane*,
qu'une *naïade* verse de son *urne*. « Honneur aux pinceaux
de Duperreux qui est venu y chercher le sujet d'un tableau
— exposé à Paris, rue du Mont-Blanc, au coin du boulevard,
— et a osé croire que pour n'être pas dans l'Apennin, ces
formes n'en étaient pas moins dans la belle nature ». Mais
voici *la maison de l'hospitalité* et celle *de l'insulte et de la
trahison* « et de grandes et irréparables pertes pleurées au
sein de la nature, et sa contemplation abrégeant mes longues
heures, quand fuyant d'aveugles fureurs et les retrouvant
ici, il fallut partager les fers que portait ma patrie. *O si
des travaux diligemment poursuivis ont droit à quelque
récompense, si mon nom doit s'attacher à des lieux où
j'ai péniblement consumé une portion précieuse de ma*

*vie, qu'on ne juge pas le peu que j'y ait fait sans me tenir compte de ce qu'il m'en a coûté !*

Maintenant Ramond a la préoccupation très vive de sa gloire, de la survie !

Voici *Gèdre-Dessus*, la vallée de Héas, son chaos, le caillou de l'Araillé, la chapelle de Héas : « l'âme la plus froide éprouve un frémissement secret. C'est là, au pied de ces rochers formidables, que la piété a ménagé des consolations à la misère et des encouragements au travail. Lieux désolés et sublimes ! » Avec Ramond, nous sommes loin des plaisanteries voltairiennes des Bertin ou des Saint-Amans. Ramond écrit un an avant la publication du *Génie du Christianisme*, sur laquelle il adressera une lettre à Châteaubriand.

Après Héas, où suivant la belle expression de Saint-Amans, *la nature semble expirer*, Ramond va se lancer dans une région nouvelle pour lui. « Où est le temps où, il y a dix ans, Saint-Amans passait pour extraordinaire pour avoir *osé* aller de Héas à Gavarnie par la Coumélie ? » (c'est-à-dire par un plateau cultivé et habité !) « Il fallait amener la foule, nous y avons réussi. » (Ramond avait dit la même chose pour la Suisse : *les voyageurs parcouraient à l'envi les routes que nous avions frayées ; les lieux ignorés dont j'avais révélé le secret devinrent une promenade publique....* ) « Que de choses notre exemple rend actuellement faciles ! On traverse la Coumélie comme Saint-Amans, on va comme moi à la brèche de Roland, bientôt on ira *de même* au Mont-Perdu. Que dis-je, on se fraiera de nouvelles routes, on nous laissera bien en arrière...» Passage émouvant, où Ramond semble étendre le bras à travers le temps et donner la main aux grands pyrénéistes du xix⁰ siècle !

Ramond, d'ailleurs, littérairement, quand il abandonne

la forme longue, emphatique, et pseudo-Rousseau, queue
de l'école XVIIIe, pour prendre les descriptions brèves,
nettes, frappées en médailles et qui restent dans la circulation, n'est-il pas la tête de l'école XIXe?

Le voici au plateau de Mailhet, au centre du cirque, de
l'*oule* immense de Troumouse, deux chaînes qui semblent
se courber en un vaste croissant dont les deux branches
sont réunies par la montagne de Troumouse (la Munia,
depuis si renommée). D'un côté la tour des Aiguillous, de
l'autre les deux bastions blancs de la Canaou. Au fond les
deux aiguilles de pierre : les *Sœurs* de Troumouse.
« L'espace renfermé dans une pareille enceinte serait un
gouffre s'il n'était immense : cette enceinte n'a jamais moins
de huit à neuf cents mètres de haut, mais elle a plus de deux
lieues de circuit ; l'air est libre, le ciel est ouvert, la terre
parée de verdure ; de nombreux troupeaux s'égarent dans
cette étendue dont ils ont peine à trouver les limites ; trois
millions d'hommes ne la rempliraient pas, dix millions
auraient place sur son amphithéâtre ; et ce superbe amphithéâtre et cette vaste plaine, c'est à la crête des Pyrénées
qu'on les trouve, c'est à dix-huit cents mètres d'élévation
absolue ! » Morceau condensé et célèbre.

Le voici au port de la Canau (de la Canaou de Troumouse)
par une montée fâcheuse qui fait dire à Saint-Amans : *Faut-
il que les gens de Héas soient épris de l'Espagne, pour la
chercher par un chemin pareil !* Au milieu d'une longue
géologie, cette saisissante description de la vue : « Les
montagnes du Port-Vieux étaient à notre droite, plongeant
dans la vallée de Béousse dont nous dominions le bassin.
Nous apercevions à nos pieds les prairies qui environnent
l'hospice de Pinède. En face, s'élevait le Mont-Perdu tout
entier, le Mont-Perdu sur quinze ou dix-huit cents mètres
de hauteur à compter du fond déjà très haut de la vallée ;
un nuage en enveloppait la cime, l'imagination la portait

jusqu'aux cieux. D'un côté de la montagne nous distinguions le col de Fanlo ; de l'autre, l'angle méridional de la terrasse du lac et ses glaciers dans toute leur étendue ; et quel aspect que celui de ces glaciers ! Ils touchaient à la nue dont l'ondulation et les ombres mobiles promenaient l'illusion sur leurs apparences : *on aurait dit des stalactites suspendues à la voûte du ciel.* » Ceci est déjà du pur Russell.

Pendant ce temps La Beaumelle, après avoir couché dans la vallée d'Ossoue, s'élevait sinon à la cime, du moins vers la cime du petit Vignemale et voyait de près, sans oser s'y risquer, la mer de glace pyrénéenne, avec ses crevasses de quarante pieds. Son récit, même en passant par la plume de Ramond, demeure vague et faible. Mais enfin c'est le point initial en matière de Vignemale, « la plus haute des Pyrénées françaises » dit Ramond (et il ne s'est pas soucié de la faire sienne !) « dont on parle toujours sans la connaître, et à qui il ne manquait que d'avoir été visitée. »

L'honneur de la première visite appartient à La Beaumelle.


# XII

## LE PIMÉNÉ.

Revenus à Héas, Ramond et ses compagnons d'excursion vont, par la vallée d'Estaubé, étudier le port de Pinède, redescendent, passent sous le glacier de Tuquerouye, tout nu, crevassé, horrible à voir, repoussant : « pour le franchir cette fois, cordes, haches, crampons eussent été inutiles ; il aurait fallu des ailes ». remontent à la brèche ou col d'Allanz, qui fait communiquer la vallée d'Estaubé avec celle de Gavarnie, et montent à ce facile et merveilleux pic de Piméné (2.800 mètres) que Ramond immortalise par cette page célèbre : « On veut connaître les Pyrénées et l'on se traîne le long d'une couple de sentiers que la routine a tracés. Que l'on monte au Piméné ! *Peu de sommets sont d'un accès aussi facile; aucun autre peut-être ne dédommage aussi complètement de ce qu'il en a coûté pour l'atteindre...* Voilà le Mont-Perdu, le Cylindre, le Marboré, ses tours et ses créneaux. On les a vus séparés, il faut les voir ensemble. On les a vus de loin, il faut les voir de près... Il faut les voir de niveau, dominer ces vallées; ces cirques et la source des longues cascades qui en franchissent les degrés. Comme ces murailles s'élèvent du sein de ces obscures profondeurs ! Comme elles surmontent le confus amas des Pyrénées ! Quelles formes ! Quelle couleur !... »

Ceci, c'est la réhabilitation des sommets de second ordre, d'où la vue est souvent si incomparable sur les sommets de premier !

Mais c'est autre chose encore, ce chant dernier du poème, cet hymne au Piméné : c'est l'hymne à Ramond. Faute de Mont-Perdu, Ramond se pose sur le Piméné. « D'autres peuvent avoir atteint avant moi la cime du Piméné, au moins savons-nous que Reboul y est monté et qu'il en a vanté la vue. Mais quelque admirable que soit la vue, il fallait en avoir observé comme moi les détails des années entières, laborieusement étudié la structure, scruté la constitution, présumé les rapports... *Pour me reposer en paix en haut du Piméné, il fallait m'y reposer de dix ans de fatigues !* » Le Piméné-piédestal.

Et alors c'est, comme jadis à la Maladetta, une longue et emphatique vision, géologie et histoire mêlées : un nouveau monde qui naît des débris de l'ancien, et Annibal, et les Romains, et les Goths, et Charlemagne, et Roland, et l'Arioste, et l'hippogriffe...

L'hippogriffe le ramène à ses chevaux, que le guide Laurens faisait redescendre péniblement dans la vallée d'Estaubé. Et ceci lui inspire une comparaison inattendue : *Laurens n'est qu'un pauvre montagnard, et la descente du Piméné ne tiendra pas beaucoup de place dans l'histoire; mais agrandissez le théâtre, ce n'est pas autrement qu'un grand homme enchaîne la fortune, commande à la victoire et soumet à son génie la destinée des empires* ». Cette allusion, anachronique en 1798, au passage du Saint-Bernard, et ce Piméné-Marengo sont peut-être un peu bien habiles. Mais Ramond, qui écrit en 1801, est fort apprécié de son collègue de l'Institut, l'académicien Napoléon Bonaparte. Ramond a aussi entamé une nouvelle ascension, l'échelle des honneurs, où il réussira non moins qu'à celle de Tuquerouye, et le député des Hautes-Pyrénées est *persona gratissima* auprès du Premier Consul...

Le soir les voyageurs étaient à Gavarnie et le lendemain visitaient le cirque.

Et pour finir, Ramond, qui sent son importance et son rôle, avec un mot de modestie pour la forme, met définitivement la main sur les Pyrénées : « Où sont nos maîtres, quand les Pyrénées nous offrent de si beaux sujets de méditation? Au nom de la science où sont-ils, et comment les ont-ils oubliées? Au Mont-Blanc, aux basaltes d'Antrim, à l'Etna. Et je suis seul ici, et le Mont-Perdu n'a encore vu que moi! Qu'ils viennent. Je leur servirai de guide sur les nouvelles routes que j'ai frayées; heureux, en leur livrant les Pyrénées, de recevoir ma part de la lumière qu'il leur est réservé d'y répandre ».

Très beau. Mais avec tout cela, le Mont-Perdu, il ne l'avait pas !

# RAMOND

(SUITE)

---

## XIII.

ENTR'ACTE. — LE BAROMÈTRE.
AU PIC D'OSSAU : DELFAU, D'ANGOSSE, D'AUGEROT.

Et cependant, sans le Mont-Perdu, Ramond n'eût pas été Ramond. Il le sentait, et c'est le fond de son cœur qu'il nous montre lorsque, découragé et abandonnant la lutte, il finit par soupirer : *Si jamais on parvient à ces cimes, heureux celui qui pourra y embrasser d'un regard tout le système de ces montagnes !* Ne pouvant s'empêcher d'y penser encore, il ajoute, mais sans conviction : *Un jour peut-être j'atteindrai les étages de ce grand observatoire, et je jouirai de ces aspects qui lèvent tant de doutes...*

La science toujours, non l'ascensionnisme. Pourquoi donc Ramond ne donnait-il pas un coup de collier, à la française, dans une campagne de huit jours, attaquant le pic par ses quatre faces, jusqu'à ce qu'il l'eût fait capituler ? Parce que ceci eût été une manière très « XIX$^e$ ». Or, il ne faut pas vouloir que les hommes d'un temps aient les idées et les allures d'un temps postérieur. Ramond, encore une fois,

n'est pas un moderne « grimpeur ». Bien qu'il le soit mille
fois plus que les naturalistes du xviii<sup>e</sup>, auquel il faut le
comparer. Puis, il n'a pas à penser qu'au Mont-Perdu.
D'abord, les mémoires scientifiques : *Sur les cristaux
dodécaèdres à plans rhombes.... du pic d'Eyrelids*, ou
bien encore : *Sur les neiges teintes en rouge* (c'est là qu'il
dit d'un ton dégagé : *Je montais au Mont-Perdu*, comme
s'il y était allé) ; sur la *Structure des montagnes moyennes
et supérieures de la vallée de l'Adour*. La rédaction de son
livre des *Voyages au Mont-Perdu*. Les herborisations dans
les environs de Barèges. Et Paris. Et le Corps législatif.
Et l'Institut où « lorsque vers 1800, il nous revint de ses
Pyrénées », dit Cuvier, « il se montra séduisant par la
chaleur de son débit, sa facilité d'assimilation, le piquant
de sa conversation où il rendait des idées originales par
des expressions plus originales encore. L'homme qui bientôt
devait arriver au suprême pouvoir et qui, alors, assistait
souvent à nos séances, ne l'eût pas plutôt entendu qu'il
sentit combien il serait utile de se l'attacher. Il lui offrit
une préfecture. Ramond préféra le Corps législatif, qui
l'éloignait moins longtemps des Pyrénées. » (Il fut membre
résident de l'Institut en 1802).

Que fait donc Ramond aux Pyrénées ? Des explorations
nouvelles ? Non. Mais on cite de lui trente-cinq ascensions !
Trente-cinq fois la même, le pic du Midi. Par amour ? Non ;
par botanique et par hypsométrie. Ramond a changé d'idée
fixe ; à celle du calcaire du Marboré qui l'a obsédé douze ans,
a succédé celle d'une ascension qui l'absorbera douze autres
années : l'ascension du mercure dans un tube de verre. Le
même Ramond qui, en montant à la Tuquerouye, n'avait
même pas, dit-il, un baromètre à sa disposition, est pris de
la passion du baromètre, de son application à la mesure des
hauteurs, de la correction du coëfficient de la formule de
Laplace, correction que Laplace accepte, et Ramond se voit

dès lors passant à l'immortalité dans le sillage du grand mathématicien. Mais ceci acquis dès 1805, il restera un spécialiste : nommé préfet, il choisira le département de l'expérience de Pascal, il en relèvera pendant de longues années toutes les cotes de hauteur ; original préfet-baromètre qu'on plaisantera sur son habileté d'expérimentateur en disant de lui qu'il mesure par le baromètre la taille des conscrits. Pendant les congés d'été, il reviendra jusqu'en 1810 sur le pic du Midi.

Ainsi, Ramond est loin du sommet du Mont-Perdu. Après tout, qui presse ? Quelle urgence à ce que le Mont-Perdu soit soumis ? Qu'il est autrement prestigieux dans sa longue résistance ! Qu'elles sont incomparables, les montagnes, dans leur période de défense ! Telle la Maladetta, si longtemps inviolée ! Mais avec quelle rapidité leur prestige se perd dès qu'elles se sont données ! Voyez le pic du Midi d'Ossau. Son histoire est typique. Il met deux siècles à se laisser aborder, de Candale (1581) à Delfau. Puis, rapidement, il est mat en trois coups.

Delfau, le 3 octobre 1796, le trouva terrible. « J'étais épuisé, excédé de froid et de fatigue ; je marchais depuis deux heures les pieds nus ; mes bas, mes espadrilles étaient en lambeaux, j'avais tout le corps meurtri ; je me trouvais presque sans vêtements dans une atmosphère glacée, le froid commençait à me pénétrer et les forces m'abandonnaient : que n'aurais-je pas donné en ce moment pour n'être pas venu dans les Pyrénées ! » Plein de pressentiments funèbres, dans une lettre datée du sommet du pic, il fait son testament, et confie sa bourse à son guide, la lui léguant dans le cas où il périrait en descendant... Il ne périt point.

Il faut noter que Delfau monte pour monter, pour la curiosité, pour la gloire. Il fait la *performance*. Sans élégance, mais il la fait. Ici, nous entrons donc dans

« l'alpinisme ». Il est vrai que nous y étions déjà avec Candale. Il est parfait, Candale, avec ses échelles, ses crocs, ses grappins, ses crampons, « certains crochets qu'il avait fait faire d'une manière extraordinaire, » et, pour les transitions de température, sa robe fourrée, qui n'est d'ailleurs que l'équivalent de nos couvertures actuelles !

Six ans après Delfau, deuxième ascension. *Voyage au pic du Midi de Pau, exécuté le 14 thermidor de l'an X, 2 août 1802.* Paris, Bailleul, brochure in-8 de 16 pages (du comte Armand d'Angosse, béarnais, nous dit Palassou). Autre ton, moins tragique. « Ayant ouï dire qu'un particulier nommé Delfau » (*sic :* ce particulier était secrétaire général de la Dordogne) », avait réussi dans cette périlleuse entreprise, je lus avec avidité sa relation. J'y trouvai des détails si terribles que je regardai ce récit comme exagéré, et je résolus de tenter la même aventure. » Il y eut bien quelque tirage, c'est le mot quand il s'agit de « cheminées », et quelque hésitation à continuer ; mais enfin, le second ascensionniste, — accompagné de jeunes bergers poussés par cette curiosité que Ramond dit caractériser le montagnard pyrénéen — atteint la cime, jouit « du magnifique spectacle et de l'immense perspective », et en descendant, conclut : « Le pic est accessible ; s'il était plus fréquenté, on trouverait des passages moins dangereux. Il n'existe pas dans les Pyrennées, de montagnard résolu qui essaie de le gravir sans succès. »

Douze jours après, 14 août 1802, troisième ascension : D'Augerot, béarnais, sur le ton très dégagé : « Les endroits les plus difficiles n'étaient rien pour mes compagnons de voyage, et quoique moins exercé qu'eux, je n'ai nulle part éprouvé d'embarras. J'ai reconnu au contraire avec plaisir, par moi-même, que tout ce que l'on disait des difficultés n'était qu'une fable, et qu'on pouvait aisément parvenir au pic dans l'espace de deux heures, par le quartier de Suzou... » *Sic transit gloria... montis.*

Entre les deux ascensions de d'Angosse et d'Augerot, un grand événement s'était produit. Le Mont-Perdu était dompté.


## XIV

### LE SOMMET DU MONT PERDU.

En 1802, subitement, Ramond prononce un retour offensif sur le Mont-Perdu qui, dans une facile campagne, est emporté deux fois en cinq jours.

Chose curieuse : le récit du *Voyage au sommet du Mont-Perdu, par L. Ramond, membre de l'Institut national* est toujours demeuré à peu près inconnu. C'est que le titre trompeur des *Voyages au Mont-Perdu* en a détourné l'attention. C'est surtout qu'on ne sait où le prendre et qu'il ne constitue pas un livre. Il faut aller le chercher dans le n° 83 du *Journal des Mines*, de thermidor an XI. C'est un mémoire lu à l'Institut, d'une forme rapide et technique : rien n'y subsiste plus du style XVIII$^e$, et dans les vingt-huit pages de ce rapport, la moitié sont de constatations scientifiques ; il en reste à peine quatorze pour la partie pittoresque. Un bref bulletin de victoire, mais capital ! Tout l'intérêt y est intrinsèque, dans les faits.

Ramond, revenu à l'idée d'attaquer par l'Est et le col de Fanlo, et peu soucieux de la primeur du pic (très détaché de cette question, ce *passionné positif*, comme l'appelle Sainte-Beuve, soupçonne le revers espagnol très curieux au point de vue géologique, et veut dans le Mont-Perdu, non le pic, mais l'observatoire) trouve enfin deux guides pour aller reconnaître la voie. « Ils se fièrent à un berger espagnol, ce qui pensa leur coûter cher, firent un voyage excessivement périlleux, passèrent une nuit au-dessous des glaces du pic, sans abri, sans feu, presque sans vivres. » Le second jour (vraisemblablement le 6 août) ils parvinrent au sommet.

Ramond ne nous donne pas les noms de ces vainqueurs effectifs du Mont-Perdu. Mais quand même Chausenque ne nous les eût pas dits, on les devinerait : Rondo et Laurens. Ainsi, comme Saussure avait été précédé au Mont-Blanc par deux habitants de Chamounix, Ramond fut précédé au Mont-Perdu par deux montagnards pyrénéens.

Ici, il faut citer et remettre en lumière un texte décisif et si peu connu :

« Je me décidai sur le champ à partir, bien persuadé qu'en suivant exactement le chemin que je m'étais tracé de l'œil, j'éviterais la plupart des dangers que mes guides avaient courus. Je ne me trompais pas, j'avais deviné la route véritable du Mont-Perdu, *et je suis arrivé au sommet avec moins de peine que ne m'en avait coûté la reconnaissance de ses bases.* »

Parti de Barèges le 21 thermidor, 9 août, Ramond vint au fond de la vallée d'Estaubé prendre cette route « devinée » que cinq ans avant lui avaient conseillée les bergers aragonais, au bas de la Tuquerouye. Il passa le port de Pinède, appuya obliquement à droite vers les énormes murailles du cirque de Bielsa qui soutiennent le lac du Mont-Perdu et sa terrasse, et descendit de 360 mètres. « Là, à 1960 mètres, se trouve un petit plateau très herbeux, mais très incliné. Nous y rencontrâmes un troupeau et son berger, espèce de sauvage qui nous entendait à peine, même dans sa propre langue. Le Mont-Perdu était suspendu sur sa tête et il ne le connaissait pas plus que s'il eût fait partie de la chaîne des Andes ; mais il connaissait fort bien le col de Fanlo ou de

Niscle et il s'engagea à nous y conduire le lendemain. Nous passâmes donc la nuit avec lui en plein air, environnés de la vapeur des cascades, et l'orage grondant de toute part autour de nous.

« Le premier travail de la matinée fut de traverser le torrent de décharge du lac. Sa profondeur, sa rapidité et surtout le froid de l'eau, deux degrés, rendirent cette opération assez difficile. »

De là, sans autre difficulté que l'inclinaison des pentes, montée au col de Niscle, origine de la si curieuse et célèbre vallée de ce nom.

« A l'occident du col de Niscle se montrent les premiers étages du Mont-Perdu, et ils s'élèvent tout à coup avec une fierté qui annonce dignement les avenues de la cime. Quatre ou cinq terrasses empilées les unes sur les autres, forment autant de degrés dont les marches sont comblées en partie ou de neige ou de débris qui facilitent un peu l'accès. Les premiers de ces débris sont d'assez gros blocs. J'outrepassai ces blocs en peu de temps et en continuant à nous élever obliquement dans une direction qui coupait à angle droit la direction générale des bancs, j'atteignis les ruines qui appartiennent à la continuation des couches dont le col de Niscle est formé. Je reconnus la pierre du Marboré, fétide, infectant l'air sous le froissement de nos pas. Nous employâmes près d'une heure à traverser ces débris : cette partie du voyage nous excéda de fatigue.

« Enfin nous parvînmes à la terrasse supérieure, et nous nous trouvâmes sur une bande de rochers qui forme d'abord une étroite arête, mais qui s'élargissant peu à peu, conduit commodément et de plain-pied à une espèce de vallon où commencent les glaciers dont le pic est entouré.

« Nous abordâmes les glaciers, qui sont là à leur origine et par conséquent peu inclinés, cependant la traversée en fut assez désagréable. Tantôt leur surface était dure et

glissante, tantôt nous enfoncions jusqu'aux genoux dans les
neiges nouvelles, qui étaient tombées sur les cimes vers la
fin de messidor. Sous ces neiges nous sentions des crevasses
où nous courions risque de nous perdre. D'autres crevasses
étaient ouvertes et contrariaient notre marche. Peu s'en
fallut que la dernière ne nous arrêtât à deux cents mètres
au-dessous de la cime. Elle s'étendait transversalement
depuis la naissance du glacier jusqu'aux escarpements de la
vallée de Béousse. Il n'y avait que quatre jours que mes
guides l'avaient passée fort commodément sur un pont de
neige. Ce pont s'était effondré. Il fallut franchir l'intervalle
en sautant de bas en haut : c'était le dernier obstacle. J'ai
mesuré la profondeur de cette crevasse : elle avait treize
mètres.

» De là je voyais la cime qui m'avait été constamment
cachée par la disposition des pentes que j'avais parcourues.

Elle se montrait sous la forme d'un cône obtus tout
resplendissant de neige sans tache. Le soleil brillait de
l'éclat le plus pur, son disque était dépourvu de rayons, le
ciel semblait d'un bleu noir fortement nuancé de vert. *A
onze heures un quart j'atteignis le sommet, et j'eus le
plaisir de voir enfin toutes les Pyrénées sous mes pieds.* »
(Mardi 10 août 1802).

Et tout de suite : « Je mis aussitôt mes instruments en
expérience ; il régnait un vent furieux d'Ouest-Sud-Ouest...
Le citoyen Dangos (l'astronome Jean-Auguste d'Angos, le
chevalier d'Angos, ou Dangos, ex-chevalier de Malte,
inventeur en 1784 d'une comète accusée par Encke d'avoir
été fictive, professeur de mathématiques à l'école centrale
de Tarbes, et associé de l'Académie des Sciences) faisait
à Tarbes les observations correspondantes avec les instruments qu'il avait portés au mont Etna... »

Ramond se met aussi lui-même en observation : transi,

mais respirant sans peine cet air déjà si léger, le pouls accéléré, mais point de malaise : au contraire, cette fièvre soutenait ses forces et excitait ses esprits. « Je suis persuadé que nous lui devons cette agilité des membres, cette finesse des sens, cet élan de la pensée qui dissipent tout à coup l'accablement de la fatigue et l'appréhension du danger, et il ne faut peut-être pas chercher ailleurs le secret de l'enthousiasme qui perce dans les récits de tous ceux qu'on a vu s'élever au-dessus des hauteurs ordinaires ».

Se livra-t-il à cet enthousiasme? Il ne nous le dit pas. Mais il en avait le droit, et nous devons supposer que sur les deux heures passées au sommet, quelques minutes furent données par le Christophe Colomb des Pyrénées à un légitime orgueil.

La gloire, Ramond l'avait, sans le savoir, sous les yeux et au premier plan. Le sommet du Marboré est triple (c'est pourquoi les Espagnols l'appellent les Trois Sœurs, *las Tres Hermanas*, ce que les Français, à commencer par Ramond, veulent absolument prononcer *las Tres Sorellas*): à l'Ouest, le Cylindre; au milieu, le Mont-Perdu ; au Sud-Est, le troisième sommet, qui était alors anonyme. Il ne l'est plus aujourd'hui : un jour, vers 1875, quelques pyrénéistes réunis à Gavarnie, le comte Henry Russell, Franz Schrader, Wallon, etc., le baptisèrent unanimement, sur la proposition de Schrader. Il s'appelle désormais le *Soum* ou *Sommet de Ramond*. Piédestal de 3.248 mètres...!

Après la science, Ramond passe au pittoresque, au coup d'œil sur l'aspect général, et est saisi de la grande différence d'allure des deux versants.

Au Nord, les montagnes, sur dix lieues d'épaisseur, se maintiennent hautes, le pic du Midi n'étant encore qu'à cinq cents mètres au-dessous du Mont-Perdu.

Au Midi, le spectacle est bien différent. « *Tout s'abaisse tout d'un coup et à la fois, de mille à onze cent mètres, et le fond est le sommet des plus hautes montagnes de cette partie de l'Espagne!... »*

## XV.

### LA « CREVASSE » D'ORDESSA.

Ici, et du sommet même du Mont-Perdu, Ramond évolue de la façon la plus imprévue vers une autre expédition et un autre récit. Nul pyrénéiste ne saurait lire sans émotion le passage où 'après avoir constaté que les montagnes espagnoles se divisent en deux zônes, dont l'une voisine des plaines, celle-ci semblable aux coteaux ordinaires à la lisière des grandes chaînes, il arrive à la zône qui est attenante au Mont-Perdu et dans laquelle son regard plonge avec une curiosité surexcitée au paroxysme:

« La bande qui tient au Mont-Perdu conservait l'étrange apparence que revêt tout ce qui tient à cette singulière montagne. C'est un vaste plateau dont toute la surface semble de niveau, sauf quelques mamelons qui séparent des vallons larges et peu profonds. *Mais au milieu de ces irrégularités superficielles s'ouvrent quatre ou cinq crevasses énormes dont les parois sont rigoureusement verticales, partageant indifféremment les protubérances et les vallons et divisant le plateau jusqu'à ses fondements. Elles en absorbent aussi les eaux et recèlent d'épaisses forêts que l'on aperçoit dans leur profondeur. Ces crevasses si nettes, qu'on les croirait formées de la veille, ont si bien conservé leurs angles saillants et rentrants que tout se correspond de part et d'autres, saillies et enfoncements. On croirait que leurs bords n'attendent,*

*pour se rejoindre, qu'un nouvel effort de la puissance
qui les a désunis.* »

Ramond, en vrai Christophe Colomb, entrevoit ici le
Nouveau-Monde. Ces « crevasses » si singulières sont ces
vallées espagnoles de Niscle et d'Ordessa, d'un aspect
unique, et destinées, à la fin du XIX<sup>e</sup> siècle, à une si grande
célébrité !

Donc, du haut du Mont-Perdu, peut-on dire, il part fasciné
pour ce nouveau voyage. Il a résolu de « voir ces crevasses de
plus près ». *Nous ne pouvions songer à y descendre de la
cime;* dit-il, *ce précipice n'est pas de ceux que l'on brave
impunément* (Ah, s'il avait eu un guide d'aujourd'hui!) Il
décide donc de faire un détour de douze lieues pour aller
chercher leur embouchure par le val de Broto ou par Fanlo.
Le 22 août, il passe le port de Gavarnie, pour voir
« l'immense crevasse ». Il croit la trouver à l'hospice
espagnol de Boucharo, mais il n'y trouve que le plateau (la
montagne de l'Escuzana); il pousse par le val de Broto à
Torla. « De là, je vis à l'Est l'embouchure d'une grande
vallée qui pénétrait dans le plateau. On la connaît sous le
nom de *Val d'Ordesa*, elle est entièrement inhabitée ; j'y
pénétrai en passant à gué l'Ara, et je m'assurai bientôt que
j'étais dans une des crevasses que j'avais vues du haut du
Mont-Perdu. Je marchai quatre heures dans cette crevasse,
presque toujours à l'ombre d'épaisses forêts et toujours
enfermé entre des murailles verticales d'une épouvantable
hauteur. Le jour baissait lorsque j'atteignis son terme,
ayant toujours le plateau au-dessus de ma tête, et à l'entour
ces mêmes murailles. Nous passâmes la nuit sous une roche
tapissée de *genista lusitanica*, arbrisseau bien rare, que
nous coupions pour entretenir du feu. Hauteur 1.800 mètres.
Le lendemain, au point du jour, nous parvînmes à gravir
les murailles, des pieds et des mains, non sans un péril

imminent. Arrivés sur le plateau, tous les aspects avaient tellement changé que nous ne pouvions nous y reconnaître. Le Mont-Perdu, le Cylindre, ses murailles, ses brèches étaient devant nous et nous ne savions comment les démêler dans ce chaos de roches empilées. Le baromètre m'a donné 2.430 mètres. Ce qui donne 896 mètres pour la profondeur moyenne de cette crevasse.

« Quant à la disposition... elle est trop extraordinaire pour n'être pas remarquée... Nulle part, les formes ne sont plus imposantes que dans la grande crevasse. Le torrent y tombe en cascades si régulières, que la longue rampe qu'il parcourt semble façonnée de main d'homme. *De part et d'autre s'élèvent, à perte de vue, les parois de cette vaste fissure, disposés en étages d'une hauteur prodigieuse et dont l'aplomb, la matière, la couleur et les joints rappellent à tel point les structures humaines, qu'on croirait voir un immense édifice en ruines...* »

Ainsi, c'est dans les pas de Ramond que marche aujourd'hui le voyageur émerveillé par cette VALLÉE D'ARRASSAS (ou d'Ordessa), si étrange d'architecture et de couleur, et qui rappelle les Cañons du Colorado !

C'est sur cette merveille que termine cet incomparable décorateur, ce charmeur, ce magicien, qui, dans de prestigieux récits correspondant effectivement à trente jours de courses, a révélé les Pyrénées.


## XVI.

### CORDIER A LA MALADETTA.

Deux mois après le succès de Ramond au Mont-Perdu, Cordier manquait la Maladetta, mais moins que ne l'avait manquée Ramond.

Impossible de séparer du *Voyage au sommet du Mont-Perdu* de Ramond le *Rapport fait au Conseil des Mines sur un voyage à la Maladetta par la vallée de Bagnères-de-Luchon dans les Pyrénées, par Louis Cordier, ingénieur des Mines*. Les deux récits ont un air de famille, ils sont même jumeaux (celui de Cordier moins décisif et moins brillant), tous deux dans le *Journal des Mines* (celui de Cordier dans le nº 94 de messidor an XII), et de même forme scientifique, brève et nette. Le rapport de Cordier clôture l'époque primitive de l'histoire pyrénéiste et inaugure le style moderne d'ascensionniste.

Cordier, d'Abbeville, né en 1777 (futur célèbre géologue, inspecteur général des mines, pair de France, etc.), ingénieur des Mines à vingt ans, était l'élève favori de Dolomieu qui le regardait comme son fils adoptif. Ensemble, ils avaient fait ce grand voyage pédestre de l'an V : du Puy-de-Dôme à Macugnaga sous le Mont-Rose, et retour par Chamounix et le Dauphiné. Ensemble ils avaient fait l'expédition d'Egypte, dont Cordier fut le plus jeune savant. Ensemble ils firent naufrage au retour sur les côtes de Tarente, et tenus en dure captivité. Dolomieu mourut des suites de ses souffrances.

En 1802, Cordier, âgé de vingt-cinq ans, partit pour un grand voyage, en s'associant un jeune écrivain danois, le baron Bruun-Neergaard, qui, cette année même, venait de publier les *Loisirs d'un étranger à Paris* (ce sont des nouvelles : *Le Grenadier sensible, l'Amour restaurateur,* etc.) et un exposé de la *Situation des Beaux-Arts en France.*

Ils commencèrent par les Pyrénées. A Toulouse, La Peyrouse leur communiqua l'itinéraire d'une ascension à la Maladetta tentée en 1800 par le jardinier de l'école centrale, Ferrière (que nous avons vu à la Tuquerouye : ce jardinier

était, paraît-il, un homme remarquable, excellent botaniste).
Il avait échoué sur l'arête descendante (du Portillon),
néanmoins il croyait bien être allé plus haut que Ramond.
Le récit de Ramond était si peu net qu'il autorisait tous les
doutes. Mais il est amusant de constater que c'est du côté
La Peyrouse qu'est venue la tradition, acceptée depuis, que
Ramond avait abouti à l'arête descendante et non à l'arête
terminale.

De Luchon, Cordier et Bruun-Neergaard passèrent le
port de Vénasque, — notant sur le chemin la cascade de
Montauban, le pic de la Pique. Ils couchèrent au plan des
Etangs. « On est au fond d'un cirque immense bordé de crètes
inaccessibles (*sic*) et refroidi continuellement par les glaces
et les neiges dont des pentes intérieures sont chargées. »
(On était en octobre.) « Une pelouse humide, de vieux pins
clairsemés, et les dernières plantes alpines, en occupent les
profondeurs. Cette haute solitude est la plus reculée, la
plus silencieuse et la plus sauvage qu'on puisse imaginer ;
elle n'est même pas animée par le cours et le bruit des
torrents, car les eaux s'y perdent partout dans des gouffres.
Nous nous accommodâmes d'une hutte construite par les
pâtres et nous y passâmes très froidement la plus belle nuit
possible, à la lueur et à l'épaisse fumée d'un bûcher de bois
de pin. »

Le 17 vendémiaire an XI (9 octobre 1802), ils attaquèrent
la Maladetta par le côté Ouest de l'enceinte, le côté Albe,
qu'ils jugèrent bientôt trop difficile. Après avoir reconnu le
lac d'Albe (*sic*, pour lac de Paderne), et les pics d'Albe et
« de Malivierne » (*sic*, pour un des sommets d'Albe : le
pic de Malibierne est sur l'autre versant et invisible ; mais
les guides continuent à nommer à tort et à travers !), ils se
rejetèrent sur l'enceinte Est, virent en passant la perte des
eaux de la Maladetta dans le gouffre de la Rencluse, et
vinrent à la fameuse arête descendante du Portillon, dont

ils suivirent la base, puis un moment la crête, qui pendant deux cents mètres fut « difficile et inquiétante ». De là, ils purent jouir de la vue des parties orientales de la Maladetta. Vers 3.000 mètres, Bruun-Neergaard fut pris du mal de montagne et ne put aller plus loin. L'arête devint tout à fait impraticable. Cordier et son guide descendirent sur le glacier de la Maladetta, marchant d'abord Ouest, puis droit au Sud sur le pic : la glace, au soleil, était éblouissante d'éclat vif ; elle était pleine de « prismes hexaèdres, d'eau cristallisée ». La pointe même du pic leur parut inabordable. Ils se dirigèrent plus à l'Ouest vers la crête terminale. Là, ils rencontrèrent sous des escarpements dont la raideur « effrayait », une « fente énorme », la grande rimaye, la fameuse bergschrund (destinée à devenir une crevasse fatale). Après un quart d'heure pour chercher un passage, ils la sautèrent, s'accrochèrent aux rochers, atteignirent, non sans émotion d'avoir sous eux la terrible crevasse, et péniblement, le faîte de la crête. « Là nous vimes que nous n'irions ni plus loin, ni plus haut. Nous étions sur le tranchant d'une arête élancée, si vive et si étroite que nous n'osâmes pas rester tous les deux de front dans la fourche que nous avions atteinte. Le guide s'assit : c'est entre ses jambes que je fis mes observations. La plus haute pointe nous restait à 140 mètres à l'Est et nous dominait de 29 mètres ». (Ces chiffres doivent être augmentés. La difficulté de continuer sur le pic n'existerait pas pour un ascensionniste actuel, mais il serait en terrain connu.)

Cordier observa la disposition, et, comme eût dit Ramond, les « connexions » des montagnes du Nord. Les parois Sud de la Maladetta lui parurent « on ne saurait plus escarpées ». A trois cents mètres plus bas, un petit lac, dont la belle couleur verte contrastait avec la blancheur éclatante des neiges qui environnaient son bassin. (Le guide de Cordier le nomme à tort lac de Malibierne : c'est le petit lac, d'ordinaire gelé, dont reparlera le comte Russell, qui propose aujourd'hui de l'appeler *lac Cordier*.) L'horizon, du côté du Midi était caché en partie par le pic de la Maladetta et la crête (d'Estatats) qui s'en détache au Midi.

Cordier revint très tard au plan des Etangs. Le lendemain le brouillard touchait le fond de la vallée, et il avait neigé pendant la nuit.

En Catalogue, Bruun-Neergaard se sépara de lui. Cordier continua. Six mois après, — lui qui avait déjà dit : « *Une demi-heure passée à réfléchir sur une sommité, au pied d'un escarpement ou sur le bord d'un cratère, agrandit, élève et instruit l'esprit bien plus que la lecture de la plupart des livres* », — il s'écriait le 17 avril 1803 : « *Quels moment ! quelle compensation pour les fatigues passées ! Quelle place pour réfléchir aux révolutions du globe !* » Il était sur le sommet du pic de Ténériffe.

Son rapport sur la Maladetta, et celui de Ramond sur le Mont-Perdu ont, avons-nous dit, un air de parenté... Longtemps après, en 1817, Cordier devint le neveu de Ramond, dont il épousa la nièce et pupille.

Ramond épousa M^{me} veuve Chérin, fille de Dacier, secrétaire perpétuel de l'Académie des Inscriptions. Il en eut un fils.

## XVII.

### LE SOLITAIRE DES PYRÉNÉES.

Le *Voyage au sommet du Mont-Perdu* n'est pas le dernier des écrits pyrénéistes de Ramond.

Ce siècle avait quatre ans, depuis longtemps Napoléon avait plus que « percé sous Bonaparte », et l'Empire était fait, lorsque parut une brochure anonyme, sans nom

d'imprimeur, mais dont les lettres *l* portent la petite barre,
le *cran*, marque de l'imprimerie impériale, donc brochure
officielle et demandée par Napoléon lui-même, et intitulée :
*Naturel et Légitime. — Se trouve chez tous les marchands
de nouveautés. An XII.*

Derrière le titre, une *Lettre du Solitaire des Pyrénées à
M. D****.

« Au sommet de nos montagnes primitives, à la vue d'un
ciel pur qu'aucun nuage ne peut plus dérober, un sentiment
inconnu élève l'homme au-dessus de lui-même ; ses illusions
sont dissipées, et sa pensée, libre de toute entrave, semble
avoir déposé ce qui l'obscurcissait dans les régions moyennes
qu'il a traversées. Seul avec lui-même, il s'abandonne aux
charmes d'une douce méditation. Ses idées sont nettes et
son jugement calme. Alors, il peut saisir dans toute leur
pureté des vérités dont une juste application eût souvent
évité bien des malheurs ».

Dans cette situation de sommets et extralucide, deux mots
se présentent à l'esprit du solitaire : *naturel* et *légitime*. Il
aborde donc l'étude du naturel et du légitime en fait de
pouvoir souverain en France depuis Clovis. Et il conclut à
la nécessité de l'établissement de l'Empire.

*« Et vous, ministres du Dieu dont il releva les autels,
guerriers dont il prépara les triomphes, marins auxquels
il destine tant de gloire, magistrats qui n'avez plus à
suivre qu'un code uniforme et précis, agriculteurs,
savants et artistes honorés, peuple entier de commerçants
et d'hommes industrieux, habitants de l'Empire floris-
sant, vous à qui il a rendu tous les droits de l'égalité
sociale et pour qui les sources de la prospérité sont
ouvertes, dites si vous voulez qu'elles se referment.
Étonnés de la grandeur et de la rapidité des événements
et de vos succès, vous pouvez à peine les croire ! Si près
encore de l'anarchie, des guerres civiles et des échafauds*

*révolutionnaires, votre tranquillité intérieure et la force
du Gouvernement vous semblent des prodiges ; le pouvoir
par lequel vous les avez opérés ne vous paraît pas*
NATUREL ; *en connaissez-vous de plus* LÉGITIME ? »

Après quoi le Solitaire des Pyrénées, se transformant en
« Solitaire de Paris » (il demeurait rue d'Antin, hôtel
Richelieu), se fit à lui-même la réponse, dans le même sens,
sous le titre *Légime et Nécessaire.*

Le Solitaire des Pyrénées était vice-président du Corps
Législatif, ami de Napoléon : il fut commandant de la
Légion d'honneur, baron de l'Empire, préfet du Puy-de-
Dôme en 1806, (sous la Restauration, il nous fera même
croire qu'il a été préfet « par lettre de cachet » et parce que
l'Empereur le redoutait, comme liberté de langage, à l'égal
d'une seconde madame de Staël!!), député en 1815, puis
maître des requêtes, membre de la commission de liqui-
dation des créances anglaises, conseiller d'État, chevalier
de Saint-Michel, membre de l'Académie des Sciences et de
l'Académie de Médecine, et en compétition avec Cuvier
pour la fonction de secrétaire perpétuel de l'Académie des
Sciences. Cuvier l'emporta et, comme tel, prononça, le
15 juin 1828, l'éloge nécrologique (morceau remarquable,
que la famille trouva, dit-on, insuffisant) de Louis-François-
Élisabeth, baron Ramond.

# SOUS L'EMPIRE

## I

### LA PÉRIODE DE L'IMPRÉCISION.

N'anticipons pas. Ne nous hâtons point de tuer Ramond. Bien que passant la cinquantaine (il avait quarante-sept ans au Mont-Perdu), ce petit homme mince, nerveux, vif, est toujours plein de vie et de santé. Mais il a quitté les Pyrénées, et le baron Ramond, fonctionnaire, en uniforme brodé, chapeau à plumes et l'épée au côté, auteur de rapports sur les *Chemins vicinaux*, les *Distances des communes du Puy-de-Dôme au chef-lieu en myriamètres*, etc., cesse de nous appartenir, ainsi que le savant physicien des mémoires sur la *Mesure des hauteurs par le baromètre*, 1805 à 1809; les *Observations météorologiques faites à Clermont*, 1814, le *Nivellement barométrique des Monts-Dores et des Monts-Dômes*, 1815, l'*Application des nivellements exécutés dans le département du Puy-de-Dôme à la géographie physique de cette partie de la France*, 1815. Ce dernier mémoire, pittoresque, est à lire. Ramond finissait par où il avait commencé avec le cardinal de Rohan, par l'Auvergne. Mais il n'y a rien là de comparable à ses deux

livres sur les Pyrénées. Plus de ces grands décors, de ces
parties de premier ordre qui l'ont mis hors de pair ; mais
toujours la tendance au manque de simplicité, — pour ne
pas dire pire — comme dans cette conclusion à propos du
baromètre : « *Heureux si j'ai pu ajouter quelque chose à
la science dans le lieu même où elle est née, au pied
de cette montagne justement célèbre* (le Puy-de-Dôme) *où
le tube de Torricelli, interrogé par le génie de Pascal, a
déposé pour la première fois du décroissement graduel
des pressions atmosphériques ! De là l'ingénieux artifice
qui place le point de départ de nos mesures sur une
limite inconnue dont le lieu se perd dans l'immensité de
l'espace, qui saisit le plus indocile des éléments par la
propriété la plus saillante de la matière, soumet son
poids à la balance, transforme le poids en dimensions,
et marque des sondes au fond de l'invisible Océan où
nous vivons. La science a ses lieux saints, elle a ses
patriarches. Honneur au théâtre des expériences de
Pascal ! Honneur à cette forte tête qui, imprimant à ses
conceptions et à ses écrits l'imposant caractère des idées
nettes et vigoureuses, nous a laissé à la fois des sujets
inépuisables de méditation et d'admirables modèles dans
ce bel art d'écrire qui n'est si difficile que parce qu'il est
inséparable du grand art de penser* ».

Ne nous étonnons plus que l'Académie des Sciences, ayant
à choisir un secrétaire perpétuel, ait pris Cuvier.

Si Ramond n'est plus aux Pyrénées de sa personne : il y
est plus que jamais par ses livres. Certes, le *Voyage au
sommet du Mont-Perdu* est et va demeurer inconnu ; mais
le fait même d'avoir monté le Mont-Perdu donne à Ramond
un immense prestige. Dans les idées du temps le Mont-
Perdu est le sommet de la chaîne, et avoir monté le sommet,
c'est avoir monté d'un seul coup toutes les Pyrénées !

Heureux temps primitifs, où l'on prenait les montagnes par grandes masses, où l'on n'en était pas à refendre les pics en quatre pour s'en procurer de nouveaux, et à découper les crêtes en tranches pour en faire des pics ! Ce prestige retentit sur le volume des *Voyages au Mont-Perdu*, qui devient célèbre, et à son tour, remet en vue rétrospectivement celui des *Observations*.

Ces livres, à la fois scientifiques et littéraires, ont pour lecteurs et les savants et les simples promeneurs. Ils deviennent en matière de Pyrénées le livre par excellence, une Bible, dont on cite partout des passages — des versets. Longtemps, toute la littérature pyrénéiste va être à base de Ramond.

Mais citer Ramond n'est pas écrire comme Ramond.

Dans la littérature pyrénéiste, après Ramond, et pour parler comme lui, *tout s'abaisse tout d'un coup et à la fois*. Pendant plus de vingt ans, pas un homme qui sache en même temps monter et écrire. (Il s'en forme bien un, Chausenque, mais il n'écrit pas encore). Pas d'ascension décisive et pas de livre capital.

A part quelques secs mémoires scientifiques, rien de précis, rien de net, de positif. Nous entrons pour un quart de siècle dans *la période de l'à-peu-près*.

Heureux quand cette littérature pyrénéiste vague et médiocre ne devient pas une littérature ridicule. Il est vrai que par l'excès du ridicule elle peut prendre une saveur particulière et devenir amusante.

Un exemple tout de suite : un spécimen typique du style « commencement de siècle ». Voici où nous tombons immédiatement après Ramond.

Dans la première édition de la géographie de Malte-Brun *(Géographie d'Edme Mentelle, de l'Institut National, Malte-Brun, géographe danois, et Herbin, employé au*

*Ministère du Grand-Juge. Dédiée au Consul Cambacérès.*
Paris, Tardieu et Laporte, an XII, 1803), prenons le tome
IX, Espagne ; il est précédé d'une description des Pyrénées
(prototype du genre Pyrénées-préface).

« *En nous approchant d'un édifice, c'est sur le péristyle
que nous fixons nos premiers regards. Avant de
considérer la grande péninsule Hispanique, jetons un
rapide coup d'œil sur le magnifique vestibule qui en
décore l'entrée ; sur ces monts sourcilleux qui,
semblables à un immense rempart, en défendent la
frontière septentrionale.* »

Les Pyrénées-vestibule sont déjà bien. Mais voici mieux.
pour le cirque de Gavarnie : les cascades-athlètes !!

« *De ce magnifique amphithéâtre douze torrents s'élancent impétueusement, et, semblables à des lutteurs jeunes
et vigoureux, descendent dans le cirque qui retentit sous
leurs pas et se blanchit sous leurs flots écumeux. L'un
d'eux, plus fort, plus impétueux que ses frères, semble
chercher l'endroit où les inégalités du sol offrent un
théâtre plus brillant à son audace. Du haut d'un rocher
qui pénètre sur le cirque, le torrent s'élance dans les airs
et semble dédaigner les routes terrestres. Mais les lois de
la pesanteur enchaînent son superbe courage. Vers les
deux cinquièmes de sa chute il touche une saillie de ce
rocher qu'il vient de quitter : il recommence son élan,
mais bientôt il rencontre une autre pointe, et ici ses forces
brisées se divisent et expirent. Que dis-je ! elles n'expirent
point. Elles prennent seulement une activité plus concen-
trée : ces fougueux torrents se réunissent, et franchissant
de chute en chute l'enceinte des montagnes, ils vont sous
le nom de Gave de Pau arroser les superbes campagnes
du Béarn.* » (!!!)

Après quoi, citations d'extraits de Ramond, et la préface
se termine en renvoyant à Ramond pour plus amples détails.

Autant la qualité des écrits pyrénéistes diminue, autant leur nombre augmente. Il va devenir désormais de plus en plus difficile de suivre. La complication est d'autant plus grande que ces écrits embrassent de longues périodes, ou que leur publication est souvent très postérieure aux excursions et ascensions. Les prenez-vous par ordre de publication? Vous brouillez l'ordre des faits et l'histoire pyrénéiste. Vous attachez-vous à l'ordre des faits? Vous intervertissez celui des publications et commettez le crime de lèse-bibliographie. Ce qui n'est pas pendable, d'ailleurs. Réservons-nous, pour plus de vérité, la licence d'un classement arbitraire.

## II

### VERS LE PETIT VIGNEMALE.

Comment séparer, par exemple, ce qui sous l'Empire, a trait à la région du Vignemale?

Pour longtemps avons-nous dit, l'ère des grandes ascensions nouvelles est interrompue.

Le 25 et 26 août 1805, Ch. de Bérenger, accompagné de Rondo, avait trouvé l'itinéraire du Mont-Perdu par la brèche de Roland, Gaulis et les Echelles, face Sud, retour par les parois méridionales du cirque de Gavarnie.

Arbanère dit avoir suivi en 1806 « tout l'arc intérieur de la vallée d'Ordessa, presque toujours sur l'arête de ses hautes murailles, surtout à une corniche hasardeuse qui surplombe leur base, et que son guide nommait *facheloigue* ». Il faut savoir que pour Arbanère, qui ne l'a vue que d'en haut, la vallée d'Ordessa est un demi cercle parfait formé moitié par la partie supérieure de cette vallée, moitié par le

Cotatuero, et dont une extrémité est en face de la brèche de
Roland, l'autre en face du Mont-Perdu. Il aura donc
contourné en corniche le Mont Arrouébo (?). Arbanère,
nous le verrons, n'est pas un montagnard éprouvé et un
témoin sûr. Mais enfin, il est un des très rares pyrénéistes
qui, avec Ramond, aient parlé de la vallée d'Ordessa ; et
cette vallée jouit maintenant d'une telle célébrité que tout
ce qui la concerne dans le passé doit être noté.

Venons au Vignemale ; c'est de ce côté que se produit
une série de faits intéressants.

La première visite à la célèbre montagne avait été, nous
l'avons vu, celle de La Beaumelle, 1798.

La seconde fut celle de La Boulinière, 1805.

Pierre-Toussaint de La Boulinière, né en 1780, avait été
secrétaire du général Jourdan en Piémont, et professeur de
philosophie au lycée de Turin ; il avait publié une *Statistique
du Piémont* et un *Précis d'idéologie*. Devenu secrétaire
général de la préfecture de Tarbes sous l'Empire, il publia
son *Annuaire statistique des Hautes-Pyrénées* ; livre
purement documentaire.

Il fit l'ascension du petit Vignemale par Cauterets, et
écrivit une note exacte et d'un style précis, qu'il n'a publiée
que beaucoup plus tard (en l'insérant dans son *Itinéraire
des Pyrénées*, 1825).

« On est frappé d'une secrète terreur », dit-il, « en
contemplant le vaste abîme qui s'ouvre au midi. On voit
dans toute leur étendue ces larges ravins, ces immenses
anfractuosités qui séparent les diverses sommités, dont
les vives arêtes coupées à pic ôtent tout espoir de
communiquer de l'une à l'autre ; chacune est entourée
d'une ceinture de glace qui tient à l'énorme masse centrale.
De cet océan de glaces et de neige partent comme autant

de mers des prolongements qui s'étendent entre les différents mamelons des montagnes circonvoisines : le plus considérable de ces prolongements paraît être celui qui descend dans la vallée d'Ossoue...

« Pour opérer un changement de scène subit et jouir du plus beau contraste, on n'a qu'à se retourner et l'on croit passer des plages de la Sibérie aux riantes côtes de l'Ausonie... ».

Au retour, La Boulinière, avec son guide, fit sur la glace une descente au bâton ferré qui lui rappela « l'agréable *ramasse* du Mont-Cenis » et faillit aboutir à une vaste crevasse.


## III

### DUREAU-DELAMALLE.


Troisième visite au Vignemale, 1807. Dureau-Delamalle fils (1777-1857), que ses prénoms de Jules-César-Auguste semblaient prédestiner à l'étude de l'antiquité. Il fut plus tard en effet l'auteur de nombreux mémoires : sur la *Poliorcétique des Anciens*, sur la *Position de la roche Tarpéienne*, sur l'*Introduction du chameau en Afrique*, etc., etc., et membre de l'Académie des Inscriptions.

Pour le moment élève et imitateur de Delille, et aspirant à devenir un imitateur de Ramond.

De ce chef il nous a laissé *Les Pyrénées, poëme, par M. Dureau-Delamalle fils, précédé d'un voyage à Vignemale et d'une description des vallées d'Azun, de Cauterets et de Lutour.* Paris, Giguet et Michaud, MDCCCVIII. Petit volume in-12 ; caractérique comme style pyrénéiste Empire.

Echantillon de la prose de l'époque : « *Ce pays si riche et si varié* (la vallée d'Argelès), *ce village si pittoresque* (Saint-Savin) *a entendu résonner la lyre d'une muse; les Pyrénées ont eu leur Anacréon: la tendre Erato a daigné un jour quitter le Parnasse pour les hauts sommets des Pyrénées, elle s'est plu à inspirer M. Despourrins...* ».

Inutile de dire que la description de la vallée d'Azun n'est pas poussée jusqu'à ses extrêmes conséquence (le Balaïtous !) elle s'arrête à la chapelle de Pouey-la-Houn, que la reine Hortense venait de faire rouvrir.

Le 10 septembre 1807, Dureau-Delamalle part de Cauterets avec Gobineau, élève de l'école polytechnique, les guides Joseph et Martin. Voici qu'apparaissent les noms des montagnes de Cambalès, de Péterneille, de Marcadau. Puis ceci: « *Vous avez cru contempler un paysage du majestueux Eden, errer sur les rivages fleuris des Champs Elyséens, et maintenant vous croyez entrevoir la ténébreuse caverne par où l'Achéron s'élance vers le palais du terrible Pluton...* » Qu'est-ce? Le mot de ce logogriphe? C'est le pont d'Espagne !

Passons le lac de Gaube, la cascade de « Splénouse », le déjeûner au pied du glacier:

« Le vin y rafraîchit dans l'urne des Naïades... »

Passons encore le col du Vignemale.

Gobineau renonce; il s'arrête avec un des guides. Voici le glacier d'Ossoue: « Le plus beau glacier des Pyrénées, le seul qui puisse en quelque sorte porter ce nom, s'offre par une brèche de la montagne. Ses flancs étaient sillonnés de larges crevasses de plus de soixante pieds de profondeur, toutes les couleurs de l'arc-en-ciel se jouaient sur leurs fentes éclairées des rayons du jour le plus pur: on eût dit un vaste champ d'albâtre labouré par les mains de ces fils de la Terre que la fable nous peint sous des formes si gigantesques. J'étais muet d'admiration, immobile d'extase devant un si beau spectacle : *la sueur ruisselait de mon front et se glaçait aussitôt qu'elle tombait sur les roches abritées du soleil qui étaient étendues à mes pieds... »*

Le trait est prosaïque.

Le guide refuse d'aller plus loin. Mais comme Ramond, Dureau-Delamalle veut « voir le calcaire ». Il s'élance seul, à la Ramond, il est toujours sur le granit, il continue, et à l'entendre le voilà bientôt à la cime la plus élevée, et sur la crête qui sépare le grand Vignemale du Montferrand (*sic*) d'où il voit le glacier Nord-Est qui donne naissance au gave de Cauterets (*sic*), etc., etc. (Ce récit, dit le comte Russell, est de l'hébreu ou du chinois). Pensez bien que Dureau-Delamalle n'est pas allé au grand Vignemale !

Retour par le lac d'Estom, sans oublier la glissade et la chute.

« Que mon exemple engage les baigneurs de Cauterets à ne pas suivre éternellement dans leurs promenades la grande route de Pierrefitte ». Ainsi conclut-il.


Après avoir fait son petit Ramond, Dureau-Delamalle fait son petit Delille : le poème des Pyrénées. Il éprouve le besoin du « discours préliminaire ». Il a vu que pour donner plus de vérité à leur tableau, les grands paysagistes, les Taunay, les Demarne, les Bidault, les Duperreux, et avant eux le Poussin, le Lorrain et le Guaspre, allaient étudier la nature. Homère, Camoëns, voyageaient, et aussi « un écrivain doué d'un imagination vive et passionnée, d'un style éclatant » (Chateaubriand).

Ce même désir conduisit donc Dureau-Delamalle dans les Pyrénées, moins connues que les Alpes,

« Et dont les noms heureux semblent nés pour les vers : »

Azun, Barèges, Héas, Roncevaux, Trumouse, Bergons, Cambalès, Marboré, Coumélie, Vignemale, etc.



7

« Rien n'est comparable pour la grâce, la fraîcheur et l'élégance, aux vallons des Pyrénées. Ce cirque vous retrace le Colysée, ces plateaux, les jardins de Babylone. »

La grotte de Gèdre ! « Avec une tête poétique vous croirez voir ici le bain de Diane ou de Vénus......... »

Et la poésie des montagnards ! Une jeune femme abandonnée par un beau jeune homme parti pour l'armée est dans le danger d'un enfantement difficile : *Hélas*, dit-elle, *je n'ai goûté qu'un rayon de miel, et je me meurs* !

Les Pyrénées ne sont d'ailleurs pas dépourvues de gloire. « Les reproches que quelques écrivains de nos jours ont faits au genre descriptif viennent de ce que ceux qui l'ont employé n'ont pas vu les lieux qu'ils veulent décrire et n'ont qu'une chaleur factice..... » etc.

Ceci est la théorie ; voici l'application :

« Barèges, Cauterets, de vos eaux salutaires
Dirai-je les bienfaits, peindrai-je les mystères ;
Comment leur pur cristal, sans changer de couleur
Prend et l'odeur du soufre et du feu la chaleur ?
Si, dit-on, Aréthuse, à travers l'onde amère
Conduit, sans l'altérer, son onde douce et claire,
Ces naïades qu'Hygie attache au sein des monts
Roulent leurs flots bouillants sous l'amas des glaçons.
La nature se plut à cacher leur vestige.
Sans l'expliquer, ma Muse admire le prodige.
Elle admire l'effet de l'active liqueur
Qui des nerfs engourdis réveille la langueur ;
Qui, rouvrant sans effort leurs anciennes blessures,
Des victimes de Mars adoucit les tortures,
Déracine le plomb de leurs membres meurtris,
Et des os fracassés rejoignant les débris
Fait couler dans leur sang la jeunesse et la vie
Et les rend à l'espoir de servir leur patrie... »

C'est encore une charade, dont le mot est *eau sulfureuse*. Après l'eau, les baigneurs :

« Dans ces lieux qu'Annibal plein de ses grands dessins
Remplit du noble espoir de dompter les Romains,

> Où César médita la chute de Pompée,
> Je vois d'un soin moins grave une troupe occupée......
> Tantôt c'est un repas qu'avec art on combine,
> Un fat qu'on mystifie, un roué qu'on lutine
> On raconte, on médit, on prie, ou court au bal ;
> Dans la rue on s'évite, on se cherche au vauxhal.
> Le matin dans sa chaise en gémissant s'avance
> La beauté qui le soir saute, et folâtre, et danse,
> Et le malade oisif, maudissant sa santé,
> Passe le jour au bain, la nuit à l'écarté..... »

Puis tableau de la douleur d'un mère ; allusion à la reine Hortense qui venait de perdre son premier fils.

Après le chant historique, le chant pittoresque :

> « Marboré, qui peindra tes merveilleux remparts,
> De ton cirque imposant les immenses assises...
> Leurs glaciers sourcilleux, leurs cascades perlées ?.... »

Etc., etc. Enfin dans les notes, force citations de Ramond.

Dureau-Delamalle parle du voyage de son ami Decandolle à la Maladetta. Le botaniste Decandolle, chargé en 1806 par Champagny, ministre de l'Intérieur, d'une mission agricole dans toute la France, qui dura plusieurs années, en était en 1807 aux Pyrénées, qu'il parcourut de bout en bout en trois mois. Il fit une tentative quelconque sur la Maladetta. (*Rapport sur un voyage botanique, présenté à la Société d'Agriculture de la Seine*, 1808. Tome XI des Annales de cette Société).

## IV

### LA DUCHESSE D'ABRANTÈS.

Quatrième visite. La reine Hortense, qui « traverse le Vignemale » pour aller de Cauterets à Gavarnie par la hourquette d'Ossoue.

« Elle fit ce voyage », dit la duchesse d'Abrantès, « avec
les deux guides les plus renommés des Pyrénées après
Laurence (Laurens), ce guide rendu célèbre par M. Ramond
lui-même. Elle se confia aux soins de Clément et de Martin,
les deux porteurs de chaise les plus habiles des Pyrénées,
puis elle parcourut d'abord tous les environs de Cauterets
à une certaine hauteur. Elle alla au lac de Gaube... La
reine Hortense est, comme chacun sait, une sylphide dans
sa taille, ses mouvements, et la grâce de sa tournure. Leste
et légère, elle bondissait dans les sauvages retraites des
Pyrénées.... Elle était adorée dans ces montagnes. Comment
ne l'eût-elle pas été ? Bonne, secourable, elle rachetait des
conscrits, mariait des jeunes filles, donnait noblement une
existence assurée à ses deux guides fidèles. »

Martin et Clément, chefs des guides-porteurs de Cauterets,
conduisirent la reine Hortense dans la traversée du col du
Vignemale. « Le voyage était tellement périlleux que les
deux guides reçurent de la Reine une pension de 300 francs
et le droit de porter à leur boutonnière une médaille en or
sur laquelle était écrit : *Voyage au Vignemale, 25 juillet
1808* ». (Duchesse d'Abrantès : *Mémoires*. Et aussi :
*Nouvelles observations sur l'état actuel des Montagnes
des Pyrénées et sur les sources thermales qui en découlent :
précédées du passage de S. M. la Reine de Hollande par
le Vignemale en 1808*, par Delaborde, Tarbes).

L'année suivante, 1809, cinquième visite : celle de la
duchesse d'Abrantès elle-même, qui n'en a publié que bien
longtemps après, sous le titre de *Voyage au Vignemale*, le
long et complaisant récit. (Quatre articles du *Journal des
Jeunes Personnes* de 1833-34).

La duchesse d'Abrantès a une rare faculté d'imprécision.
Elle qui connaissait Cauterets dès l'enfance, y ayant

accompagné sa mère M<sup>me</sup> Permon, n'écrit-elle pas dans ses *Mémoires* que du lac de Gaube au Vignemale il y a *cent toises*, et encore que tous les soirs, *de Cauterets*, elle voyait le soleil couchant colorer les glaces du Vignemale de tous les feux du prisme!!

Prisme, tout est là. Mariée en 1802, à seize ans, au brillant Junot gouverneur de Paris, placée au sommet de la hiérarchie au moment le plus éclatant de la gloire impériale, entourée, flattée, adulée, la jeune femme a tout vu à travers un prisme, même des choses qui n'existaient pas! Plus tard, elle s'est enfoncée dans la conviction que les mirages avaient été des réalités fermes. Quelle disposition d'esprit inquiétante, pour écrire dix volumes de mémoires sur l'Empire!

Dans le *Voyage au Vignemale* de la duchesse d'Abrantès, ne cherchez pas le Vignemale, vous ne le trouveriez point. Cherchez le prisme. Cherchez une relation confuse, mais vivante, quelque chose d'étourdi, d'évaporé; un caprice de jeune femme qui dit être venue à Cauterets très malade du pylore, au point de manquer mourir pour avoir mangé la moitié d'un ortolan, et qui, au premier verre d'eau sulfureuse, « dévore comme une paysanne, brave les dangers et court les montagnes au risque de se rompre vingt fois le cou » (pylore? ou simplement *neurasthénie*, comme diraient si élégamment les médecins d'aujourd'hui?), qui se prend aux compliments des guides lui affirmant qu'elle marche encore mieux que la reine Hortense, laquelle, déjà, était une sylphide. « La reine Hortense, qui marchait comme une biche, avait captivé l'admiration des guides. Marcher est pour eux ce que l'on peut faire de plus admirable. Dans leur balance j'étais une montagnarde de plus de poids. Ils me considéraient comme la femme la plus parfaite qu'on ait vue à Cauterets. »

De là l'obsession d'aller au Vignemale comme la reine

Hortense, mieux qu'elle ! Chaque jour voyait croître ce désir « de fouler la neige vierge » et d'aller « s'asseoir sur la pierre triangulaire du sommet du Vignemale » (*sic*).

Le guide Martin va tâter la neige du petit glacier et la reconnaît bonne. « Je sautai de joie : j'avais vingt-trois ans et je désirais avec passion ce que j'allais exécuter. Martin s'occupa des crampons, du choix des guides. Ma femme de chambre prépara ma toilette de voyage. »

Il s'agit ensuite de chercher des compagnons. Mais faute de trouver cette compagnie « convenable » la duchesse décide qu'elle partira seule. Elle se contente d'avoir avec elle, son valet de chambre, deux guides, quatre montagnards et deux chasseurs d'isards ; et encore le médecin des eaux, le docteur Labat, digne homme, ennuyeux assez souvent, « ce qui est compatible malheureusement avec l'honnêteté », cinquante-huit ans, marchant comme un isard, et ne comprenant pas la montagne : *Qu'allons-nous voir ?* disait-il : *de la neige et des pierres, et encore de la neige et des pierres !*

Le 27 août le départ est décidé pour le lendemain. Grande joie, être la cinquième personne qui monte au Vignemale ! « Et qu'il était content, Martin, obsédé depuis si longtemps par la réputation de Laurence, ce guide fidèle de Ramond ! Il va monter plus haut que Laurence ! Joie délirante ! Je le quittai pour aller faire ma toilette, car j'avais un bal. Je dansai jusqu'à une heure du matin.... ».

Deux heures de repos. Réveil à trois heures du matin le 28 août. Brouillard. Il est décidé que l'on portera la duchesse jusqu'au Cerizet pour qu'elle ne se mouille pas les pieds dès le début.

Quelle joie, le costume de montagne ! Au fond, ne serait-il pas le motif déterminant de l'ascension ? « Voici comment j'étais costumée : des guêtres, un pantalon de nankin, une redingote de casimir extrêmement léger venant au-dessous du genou, une grande capote de batiste écrue ; gros souliers d'Argelès, faits pour porter le crampon et cloutés au talon ; bâton ferré à corne d'isard ; taille svelte et jambe sachant gravir.... »

Le voyage a ceci de particulier, qu'il est à enthousiasme décroissant. Jusqu'au lac de Gaube tout est merveilleux ; description chatoyante. « J'ai connu les Pyrénées lorsque leurs belles solitudes n'étaient jamais troublées par les curieux et je les ai vues dans leur premier triomphe, provoqué sans aucun doute par les ravissantes narrations et la plume enchanteresse du savant Ramond. M. Duperreux vint après lui.... » (Le peintre Duperreux, parisien, 1764-1843, élève de Huet et Valenciennes. La duchesse d'Abrantès cite aussi Dusaulx et Saint-Amans).

Des pierres ! toujours des pierres ! disait le docteur Labat.

Halte à « Esplemousse ». Déjeûner : pâté de volaille, gibier froid, œufs durs, et des fruits : le pêcheur du lac y avait joint du lait de chèvre et des noisettes. « Je ne sais si c'est l'air vif du matin, mais jamais je ne m'étais levée de table en pareil contentement gastronomique. Ce qui me surprit beaucoup, ce fut le conseil de Martin *de ne pas boire autant. Si nous devions descendre,* disait-il, *ce serait égal !* »

Enfin, voici la neige, aux Oulettes. Elle ne rit plus, la duchesse d'Abrantès, mais plus du tout ! *Pas le chemin d'en bas ! pas celui de la Reine !* a crié le guide à l'examen du glacier, *celui d'en haut !* Et à peine est-on engagé sur ce chemin de la terre ferme, bruit infernal, avalanche sur le glacier, sur le chemin que la duchesse aurait pu suivre, avalanche qui n'aurait pas manqué de l'engloutir (?). Elle pense aux êtres qui lui sont chers ! « Et j'étais mère, femme, sœur, amie. Et je me disais : pourquoi les as-tu quittés ? »

Terreur peu favorable pour noter exactement le chemin. Subitement, sans autre transition : la duchesse est au sommet du Vignemale, sur la pierre triangulaire, et dans la mousse elle y cueille des violettes admirables (!!). Ce n'était peut-être pas tout à fait le sommet, « il restait un bout de rocher de seize toises. » (La duchesse continue à voir à travers un prisme.)

Jamais la nature ne présenta un tableau où ses pompes fussent plus splendides. « Ah oui, c'était un admirable spectacle qui vivra longtemps dans mon âme. » Pas un mot des glaciers. Mais la duchesse est convaincue qu'elle voit Saint-Sauveur et Gripp. (Le prisme!)

Martin propose, au scandale du docteur Labat, d'aller coucher à Gavarnie, comme la Reine.

On descendit une tache de neige *à la ramasse.* « Martin me fit asseoir sur sa veste, en me recommandant de le prévenir s'y je suffoquais. *Il se jeta avec moi du sommet du Vignemale dans les vallées inférieures.* » (Le prisme!)

Dans ces vallées inférieures la duchesse a tout l'air de rencontrer... les ténèbres extérieures.

Ici encore elle n'a plus envie de rire. La caravane est dans une gorge étroite; pas cinquante pieds d'un côté à l'autre, « les rochers qui formaient les murailles étaient si élevés que jamais le soleil n'y donne un seul rayon ». Une prison ! Bruit souterrain, coups de canon répétés. (C'est le fameux « barranco », corridor de marbre avec torrent furieux et invisible grondant sous un tunnel de neiges éternelles à une demi-heure au-dessus de la cascade d'Ossoue. On n'y passe plus aujourd'hui pour l'ascension du Vignemale.) Horreur du site ! Frisson ! « Je me suis trompé » dit le guide, « au lieu de prendre à gauche, j'ai pris à droite, nous sommes venus dans ce chien d'endroit. » Heure d'angoisse. « J'étais blanche comme la neige; je me recommandai à Dieu. »

A quatre heures du soir on aborde la vallée d'Ossoue et la jeune voyageuse peut enlever les crampons de ses pieds blessés.

« Nouvelle erreur de Martin qui n'avait jamais été à Gavarnie par ce chemin. » (On était au mur de la cascade d'Ossoue). On décida d'attacher la duchesse avec des cordes, et de la descendre. « Je me jetai à genoux, j'adressai une de ces prières *faites avec le cœur !* »...

Enfin, Gavarnie !

Le lendemain, au retour, la duchesse d'Abrantès rencontre à Luz le « tout Cauterets ». baigneurs et guides venus au-devant d'elle en troupe.

Peu après, une sixième relation, celle d'Arbanère. nous présente au barranco les mêmes émotions.

Arbanère — encore un autre imprécis, celui-là ! — était venu par la vallée de Lutour et le lac d'Estom. En débouchant sur le Vignemale, son guide Carrère a un joli mot : « *C'est un enfer de neiges !* » — Puis il ajoute : « *C'est le palais des isards !* »

Le voici « sur le rein qui unit Pocymouron (Puymorou) au Vignemale » : il voit le revers « septentrional » (*sic*) du Vignemale et les plus beaux glaciers des Pyrénées. rappelant par leurs crevasses, ceux des Alpes; « c'est là cette mer glaciale dont parle Ramond. »

Arbanère, qui se plaint toujours des guides, signale ici aux voyageurs « quelques traits de leur tactique ». Si l'étranger est timide et faible. ils le traitent en enfant et le mènent par des lisières sur quelques sentiers battus. Ils restent froids. Si l'étranger paraît robuste, aventureux et enthousiaste, leur tête se monte, ils deviennent téméraires et le mettent en danger.

« Par cette disposition d'esprit, Carrère me mit dans une situation très critique. La reine de Hollande avait, à force de bras des robustes porteurs de Cauterets, franchi le col d'Ossoue dans une chaise légère et atteint Gavarnie. Carrère répondit à mes questions sur la direction à suivre comme s'il eût fait vingt fois le trajet. J'aurais dû me méfier... Nous descendons... Nous nous trouvons engouffrés entre deux hauts murs de marbre qui resserrent le gave enseveli et rugissant sous un pont de neige ; seule voie ouverte devant nous. Regagner le sommet du port nous présentait une extrême fatigue, et le jour et les forces nous eussent manqué. Rebrousser pour aller camper sous les cabanes d'Estom nous offrait toute la honte d'une entreprise vaine. Carrère convint alors qu'il ne croyait plus guère que ce pont incertain fût la route de la reine Hortense, mais excités nous nous lançons. Cette faute était grave.... La voûte était brisée sur plusieurs points ; nous entendions sous nous le gave, nous le voyions par ces sinistres ouvertures, *et je croyais voir le noir Cocyte*. Enfin, après un quart d'heure de marche, nous touchons la terre, que nous désirions comme dans un naufrage.... »

Tels sont les premiers récits — on pourrait dire les *incunables* — relatifs au Vignemale.

# SOUS L'EMPIRE

(SUITE)

--------

## V

### ÉTATS D'ÂME DU PHILOSOPHE AZAIS.

De l'à-peu-près nous allons tomber dans la divagation.
Et pas involontaire, mais cherchée !

Le premier mouvement du pyrénéiste qui ouvre *Un mois
de séjour dans les Pyrénées, par H. Azaïs*, Paris, Leblanc,
Garnery et Nicolle, 1809, in-8°, est de jeter le livre en
s'écriant : tirez ce grotesque !

A la réflexion pourtant, Azaïs n'est pas négligeable :
philosophe, auteur du système des *Compensations dans les
destinées humaines*, système approuvé par Napoléon, il a
eu son moment de célébrité : sous la Restauration, un bel
auditoire s'empressait pour entendre avec bienveillance le
digne Azaïs aux longs cheveux blancs faisant des confé-
rences dans son jardin. Allons plus loin, ne craignons pas
de dire que son livre sur les Pyrénées est capital, en son
genre. C'est un monument de ridicule. C'est le terme
extrême de la manière Empire. Comme tel, très amusant !

En 1797, Hyacinthe Azaïs (né à Sorèze en 1766), après toutes sortes de velléités de carrières, et de pérégrinations, avait séjourné à Bagnères-de-Bigorre, où il s'était épris de M^me Cottin qu'il avait voulu épouser. Il vint de là, avec son ami le peintre bagnérais Jalon, passer à Saint-Sauveur un mois, coupé de deux excursions à Cauterets et Gavarnie. Il s'y organisa une sorte de cabane-observatoire. De là il se mit à prendre des notes, qu'il mûrit longtemps, et qu'il publia en 1809, la même année que son ouvrage des *Compensations*.

Pour guide, il avait l'ouvrage de Dusaulx, qui venait de paraître. Il connaissait aussi celui de Saint-Amans.

Dusaulx avait eu l'intention d'intituler son livre : *Théorie des Sensations et des Sentiments qu'on éprouve sur les Monts Pyrénées*. Cette théorie, Azaïs la fit. Mais ne confondons pas Dusaulx et Azaïs. Ils ont de commun le radotage : mais celui de Dusaulx est naïf, sincère : les montagnes l'ont positivement mis en délire ; s'il n'ascensionne pas, c'est par impuissance. Azaïs est un Dusaulx aggravé, il radote avec préméditation et en se forçant. D'ailleurs il n'est ni de sommets, ni de demi-sommets, ni même de vallées : c'est un homme de cave ! Certainement heureux d'être dans la montagne, et jouissant du plus petit détail ; mais ce n'est pas une raison pour tomber en enfance !

Il fait faire la préface de son livre, avec dédicace à Jalon, par sa femme, Elise Azaïs. Et comme Azaïs goûte fort *Télémaque*, il imagine de mettre en scène un jeune homme sensible qu'il appelle Fénelon et qui n'est autre qu'Azaïs ; et il peint les amours de Fénelon et d'Elise !! Tout ceci à propos de la cabane de Saint-Sauveur !

Madame Azaïs nous dit ce que nous trouverons dans l'ouvrage de son mari : *point d'apprêt, point d'intention, un tendre abandon, un désordre d'épanchement, des conversations solitaires, des paysages peuplés de pensées morales. On voit*, dit-elle à Jalon, *qu'à l'instant où votre ami prenait la plume, il ne savait point encore ce qu'il allait écrire, et il ne songeait plus à ce que déjà il avait écrit*..... (!!)

La manière d'Azaïs consiste à ne parler, en fait de montagnes, que de lui. Il est le centre de la nature. Le reste est cadre. Si comme on l'a dit, le développement du *moi* en littérature est la marque du romantisme, Azaïs est décidément romantique : « J'écris sur le bord d'un torrent qui écume à mes pieds. J'écris sur une table de schiste. Je vais tracer la première lettre de mon nom sur ce jeune frêne : ô mon cœur ! Je me place en face de la montagne. Ma vue se porte au levant. Je change de position, *je vais tourner mon corps*, je regarde au couchant. Je porte des souliers demi-usés. J'ai un pot à l'eau cassé ; la sœur de mon propriétaire le tient très propre ; elle s'en sert pour porter du lait à son frère. Que je suis bien ici ! J'écris en marchant, sans autre bagage que mon portefeuille, c'est très ingénieux : cette idée charmante embellit déjà mon avenir.... » etc.

La grande ressource d'Azaïs est l'élévation à Dieu. Certes, la montagne exalte chez l'homme le sentiment religieux ; mais c'est une corde qu'il faut faire vibrer avec opportunité, sobriété et talent. Azaïs abuse, chez ce bénisseur Dieu devient un procédé ; c'est une « cheville » avec laquelle il se tire d'embarras par des élans jaculatoires ; et encore il appelle Dieu « mon auteur » !

Il y a une autre corde qu'Azaïs veut toucher : la terreur ; la grande montagne est souvent terrifiante. Mais la terreur est noble, et manquant son effet Azaïs n'atteint qu'à la poltronnerie.

Avec ces éléments combinés, l'ascension au lac de Gaubs est déjà un drame en cinq actes. Quelques notes intéressantes cependant : le souvenir conservé par le vieux

pêcheur du lac d'un prince allemand qui mangea trente-six
truites, et de l'intendant d'Étigny, venu avec une suite de
cent personnes. (Une vraie excursion de Club Alpin!) Il
avait amené jusqu'à des musiciens.

Quant au voyage d'Azaïs à Gavarnie, c'est un phénomène!

Il part le 10 septembre, (lendemain du jour où Ramond
revint pour la seconde fois de Tuquerouye). « *Mon Dieu,
c'est sous votre protection que je me mets au début de
cette journée* ». Il a peur : « *Je vais marcher entouré de
magnifiques masses, pendantes ou en ruines ; le plus léger
déplacement d'un de ces corps suspendus sur ma tête
pourra occasionner ma mort.* »

Le calcul des probabilités le rassure. « *Le point que je vais
occuper successivement au milieu de ces masses gigantesques sera toujours imperceptible. Il y a la plus grande
improbabilité à ce que je me rencontre victime d'un
funeste accident. Non! la frayeur de laisser, parmi ces
vastes débris, les débris de ma frêle existence n'est que
pour peu de chose dans l'impression que je reçois. Mon
Dieu, recevez d'avance l'hommage de mon admiration,
et de mon épouvante.* »

Il prend des notes, il a même un système de notation-
express, d'indications rapides, de jeux de scène, qui,
aujourd'hui serait très « nouveau jeu ». « *Avançons. —
Granit. — Cascades. — Dix minutes de marche. — Une
ferme. — Joli chemin bordé de buis. — Une demi-heure
de repos. — Je regarde le Gave. — Onze heures et demie.
— Je n'ai cessé de monter depuis Gèdre, je vais être au
chaos : l'horreur me pénètre déjà. — Midi un quart : j'y
suis! dans un trou qui me fait frémir. Que suis-je sous
le dôme surbaissé de cette masse énorme? Mille fois plus
grand qu'elle : non, je ne te crains pas!...* »

Il est à Gavarnie, « *au centre du plus beau monument
qu'ait pu dresser la puissance de Celui qui fit la nature.*

*Superbe ouvrage de mon auteur, majestueux contemporain de la nature antique, je salue en toi la nature et mon auteur !* »

A droite le magnifique Taillon, à gauche cette belle chaîne de la « Frazona » d'où tombe la grande cascade. Azaïs se place au pied de la cascade éclairée par le soleil. Il se bat les flancs pour se faire peur. Ce n'est pas de l'eau, c'est du feu ! « *Grand Dieu, que c'est beau ! Quelle est cette matière fondue, embrasée, cette fumée étincelante ? Cela n'est-il que de l'eau ?... Mais non ; de l'eau ne m'épouvanterait pas .. Je frémis... une grande fournaise s'est défoncée... Grand Dieu ! arrête... ferme le volcan... je tremble,... je n'y puis tenir... »*

Et de se sauver.

Au retour, il se place encore sous un rocher du chaos, il se chatouille, il se fait hou, hou, pour se faire trembler, il s'imagine être dans une caverne de brigands. « *Je suis rentré sous l'épouvantable masse qui me recouvrait avant-hier. Dieu ! quelle impression ! Du sang... de noirs projets .. des ossements, des remords ! ... Grand Dieu ! Sortons au plus vite.... je suis dans* L'ANTRE DU CRIME *! »*

Et il fuit, éperdu.


# VI

## CHARPENTIER.

Rentrons dans le sérieux. Voici, cette fois, un explorateur de la chaîne entière des Pyrénées. Quatre années consécutives de séjour.

Jean de Charpentier, directeur des mines du canton de Vaud, accepte en 1808, sur le conseil de Lardy, directeur

de l'académie forestière de ce canton, la place de directeur
des mines de cuivre de Baïgorry, qu'il occupe onze mois.
En 1809, il passe à l'établissement d'Angoumer dans l'Ariège,
et y reste treize mois. A dater d'août 1810, deux ans
d'excursions aux Pyrénées. Les hivers de 1810 et 1811 à
Toulouse. Très lié avec La Peyrouse, et avec Palassou,
« le Nestor des minéralogistes français. »

Il ne s'est décidé à publier que longtemps après le résultat
scientifique de ses observations : *Essai sur la constitution
géognostique des Pyrénées, ouvrage couronné par l'Institut royal de France* (Paris, Levrault, 1823, in-8°). C'est
un répertoire minéralogique, remarquablement fait, et très
important dans l'histoire de la géologie pyrénéenne.

Une série de cotes de hauteurs nous permet de suivre
l'itinéraire de Charpentier. Il n'est point l'homme des
sommets, (sauf peut-être au pic de Montarrouy ou petit
Quairat, dans la vallée du Lys) mais l'homme des cols. Il a
porté le baromètre dans tous les principaux « ports ». Il a
essayé aussi de le porter sur la Maladetta le 10 septembre
1811 : mais il ne donne que la hauteur de l'arête accessible
de Cordier, qu'il estime à 3.474 mètres.

Charpentier a pratiqué le revers espagnol de Gavarnie ;
la vallée de Pinéde. Et la seule note pittoresque qu'il se
soit permise concerne la vallée d'Arrassas. « En montant
au Mont-Perdu par la brèche de Roland, » dit-il, « j'ai
observé au bout de la plaine de Millaris, vis-à-vis de la
naissance de la gorge d'Ordessa, plusieurs des crevasses
observées par Ramond. Je n'ai pu bien voir que la plus
grande, celle d'Ordessa. »

Indiquons brièvement :
*Voyage dans les départements du Midi de la France
par L. A. Millin.* Imprimerie Impériale, 1811. In-8. Tome IV.
Quelques passages intéressants sur Barèges, Héas, Gavarnie

(où Millin fait, lui aussi, son « morceau du contrebandier »),
Cauterets, le lac de Gaube, le Marcado (*sic*) et la cascade
de Resplumous (*sic*). Force citations de Ramond.

Mais Millin, le célèbre antiquaire, est moins sensible à la
montagne qu'à l'épigraphie. C'est un point de vue particulier, et d'où ont découlé depuis, pour les Pyrénées, force
travaux et brochures. Ajoutons qu'avec les idées de son
temps cet antiquaire ne connaît que l'antiquité et point le
Moyen-Age. La cité de Carcassonne, cette merveille de
l'architecture militaire, est pour lui *l'ancienne partie de la
ville, mal bâtie ; les rues sont étroites.* C'est tout. Ombre
de Viollet-Leduc, voile-toi !

*Merveilles et Beautés de la nature en France par G. B.
Depping.* Paris, Blanchard, rue Mazarine, 30, et Palais-
Royal, galerie de bois, Nº 249. *Au sage Franklin*, 1811,
in-12. Ce livre du polygraphe Depping est une habile
compilation, qui a eu d'ailleurs un grand succès. Les
éditions s'en sont multipliées, en se perfectionnant, pendant
trente-cinq ans. Dans cette première édition, la partie
Pyrénées est faite à coups de Ramond et de Picqué.


# VII

### LES COMPAGNONS D'ASCENSION DE RAMOND.


Ramond jugé par ses compagnons de la Tuquerouye.


Dralet d'abord. Dans sa *Description des Pyrénées,
considérées principalement sous le rapport de la géologie,
de l'économie politique, rurale et forestière, de l'industrie
et du commerce, par M. Dralet, inspecteur des Forêts de
la 13ᵉ division* (Paris, Arthur Bertrand, 1813, 2 vol. in-8,

livre purement documentaire) il se loue sans réserve de la
réception que jadis lui fit Ramond. Dralet étudiait les
Pyrénées depuis 1784, dans le [but de les comparer aux
Vosges au pied desquelles il était né. En 1797, rencontrant
Ramond « au moment où celui-ci se proposait de monter au
Mont-Perdu, il lui suffit de se présenter comme compatriote,
comme vosgien, et comme ami de l'histoire naturelle,
pour recevoir de ce savant aimable le plus généreux
accueil. »

La montée de la Tuquerouye avait laissé à Dralet une
impression ineffaçable. Quatorze ans après il la racontait
ainsi (avec plus de sobriété et de netteté même que
Ramond) :

« M. Ramond donne l'ordre d'escalade : c'est sur le côté
occidental qu'elle est tentée. On essaye les crampons, les
bâtons ferrés, ils glissent sur la surface de la glace sans la
pénétrer ; mais nous étions munis de bons instruments
tranchants, et nos guides les emploient pour y former des
échelons. Nous montons donc sur une échelle de glace et
nous ne nous doutions pas que c'était un chemin de roses en
comparaison de celui que nous allions être obligés de nous
frayer. La glace nous présente un gonflement que l'on
tenterait en vain de franchir, il faut l'éviter et gagner le
rocher voisin, il est inaccessible en cet endroit : que faire ?
Écréter la vive arête qui termine latéralement le glacier,
s'y exposer comme sur une corde tendue entre deux
précipices jusqu'au moment où elle s'approchera d'un autre
rocher moins menaçant, toucher terre enfin, et ne l'abandonner que lorsqu'un promontoire nous obligera à former
de nouveaux échelons sur la glace devenue plus praticable.
Telle fut notre marche, tels furent les périls que nous
courûmes pendant cinq heures que dura cette audacieuse
ascension. Enfin accablés de fatigue, l'imagination frappée
des dangers que nous avions courus, nous atteignons le

sommet de la crête. La scène change, rien de ce qu'on a vu dans les Pyrénées ne donne la moindre idée de son ensemble ou de ses parties. Je n'essaierai pas de la décrire, quoique depuis quatorze ans elle soit encore présente à ma mémoire. »

Maintenant, La Peyrouse. Son *Histoire abrégée des plantes des Pyrénées, par M. Picot de La Peyrouse, chevalier de la Légion d'Honneur, ancien maire de Toulouse, ancien inspecteur des Mines, doyen de la faculté des Sciences, correspondant de l'Institut, mainteneur des jeux floraux* (etc., etc., etc.) Toulouse, Bellegarigue, 1813, in-8 (avec une vue des Pyrénées prise de l'Observatoire de Toulouse, par Charpentier) est précédée d'une *Notice des auteurs qui ont voyagé dans les Pyrénées et publié des ouvrages sur la botanique de ces montagnes.* La liste en est longue, de Clusius d'Anvers et de Rondelet, de Fagon et de Tournefort à Saint-Amans et à Decandolle !

Ceci est tout simplement un engin de guerre dirigé contre Ramond. Vous pensez que plus il y aura de pyrénéistes dans le passé, moins Ramond sera le premier ! Les rivalités d'ascensionnistes passent pour être vives, et pareillement les rivalités de géologues et les rivalités de botanistes. Mais La Peyrouse lui, — qui a toujours un Mont-Perdu rentré, et calcule sa vengeance — arrivé à l'article Ramond, distille à mots couverts une triple rancune de pyrénéiste, de géologue et de botaniste !!!

« M. Ramond », dit-il, « l'un des commandeurs de la Légion d'Honneur, aujourd'hui baron de l'Empire et préfet du Puy-de-Dôme, publia des observations faites dans les Pyrénées en 1789. Il n'y est point question de botanique. *Jeté par la tourmente révolutionnaire du fond de l'Alsace, où il est né, jusque dans le centre des Hautes-Pyrénées,* professeur d'histoire naturelle à l'école centrale de ce département, fixé à Bagnères, passant la moitié de l'année à

Barèges, il étudia les productions naturelles de cette partie
des Pyrénées. Il indiqua dans la Décade philosophique une
quinzaine de plantes *très connues* qu'il avait vues sur le pic
du Midi. Il fit insérer dans le bulletin de la Société philoma-
tique la description de plantes inédites des Hautes-
Pyrénées : il n'est aucune de ces plantes *inédites* qui n'ait
été déjà indiquée et décrite par Fagon, Tournefort, etc.

« Ses *Voyages au Mont-Perdu* parurent en l'an IX. Cette
incursion au Mont-Perdu, *à deux myriamètres et demi de
distance de Barèges* » (cet « à deux myriamètres et demi de
Barèges » est une merveille!) « fut annoncée et préparée à
diverses reprises dans le *Journal des Hautes-Pyrénées.* Son
exécution fut proclamée d'abord par le même journal, puis
par celui du *Soir* des frères Chaigneau de Paris, etc., etc. »

En français moderne, La Peyrouse dirait que Ramond
savait se faire mousser. « Les Pyrénées sont-elles toutes
autour de Barèges? Je ne m'écrierai pas comme M. Ramond :
*Où sont nos maîtres? qu'ils viennent, je leur servirai de
guide.* Les Pyrénées sont-elles la propriété exclusive de
personne? » La Peyrouse ne s'est jamais douté que Ramond
était supérieur et avait du talent !

Enfin arrivant à l'article botanique, l'affaire des huit
cents plantes lui tient à cœur, il y revient, et il répète ce
*sept à huit cents plantes* avec un nombre croissant de points
d'exclamation :

« Dolomieu et moi avions visité tous les rochers, toutes les
montagnes, je lui sauvai la vie sur le pic du Midi. Nous
fîmes d'immenses collections de plantes. M. Ramond n'avait
pas encore mis les pieds dans les Pyrénées; et il a écrit
*qu'il m'a procuré en un mois sept ou huit cents plantes !*
Je lui donnai un fragment de cristal, il en parle sans vouloir
se souvenir de la main qui le lui a présenté. Il n'avait pas
de livres de botanique, je lui en procurai. Je n'avais jamais
reçu de lui qu'un échantillon de *ranunculus glacialis* ;

je lui donnai mes ouvrages, je lui fis trouver un grand
nombre de plantes qui étaient autour de lui et qu'il n'avait
pas vues encore. *Et il m'a procuré en un mois sept ou
huit cents plantes !!!* J'avais avec moi des disciples pleins
de talents... Qui croira qu'avec ce secours j'ai eu besoin de
celui de M. Ramond *et qu'il m'a procuré en un mois sept à
huit cents plantes !!!!* »

C'est du Molière.

Les deux adversaires, à la carrière toujours parallèle (La
Peyrouse fut aussi baron), devaient encore se retrouver face
à face. Ils furent députés à la Chambre de 1815 : Ramond,
du Puy-de-Dôme ; La Peyrouse, de la Haute-Garonne.

L'Empire, aux Pyrénées, finit très mal, par un poëme qui
ne vaut pas le diable : *Les Eaux de Barèges, remède à
l'ennui, historiette rimée, par M. d'Etalleville.* Paris,
Delaunay, 2ᵉ galerie de bois, Nᵒ 243, et Martinet, rue du
Coq, 1815, in-12. Il paraît que d'Etalleville était un militaire : il n'en a pas la concision. Son historiette est en dix
journées et quarante mille syllabes alignées par dix. Cette
platitude n'est même pas mauvaise avec saveur, comme
Azaïs. L'auteur s'excuse d'avoir, pour la commodité du
récit, transplanté le Monné de Cauterets à Barèges : *pour
ceux qui connaissent les Pyrénées,* dit-il, *c'est peu de
chose, pour ceux qui ne les connaissent pas, ce n'est rien :*
il devrait surtout s'excuser d'avoir perdu l'occasion de ne
pas faire un poëme en quatre mille vers.

# SOUS  LA  RESTAURATION

## I

### BAGNÈRES EN 1818.

Dans son *Hermite en province*, 1818, Étienne *dit* de
Jouy, passant aux Pyrénées qu'il déclare préférer aux
Alpes, date de Bagnères une lettre du 26 Juillet 1817. Il
est allé faire sa cour à la naïade de Salut ; de là un tableau
des eaux thermales, peuplé d'une série de types de baigneurs
cosmopolites : le major Montéval, le baron Katzbach,
M. Griskin et lady Amélia Griskin ; une élégante de la
Chaussée-d'Antin, confiée par son mari aux soins d'un
général à demi-solde ; une grandesse espagnole, deux
artistes parisiens, un jeune russe, un « calicot », etc.

L'hermite termine par un « cours d'hydrologie morale »
cette lettre, point de départ d'un genre qui, plus tard, va
pulluler. C'est, en effet, la première « chronique », le premier
de ces articles « à côté », pour journaux, où l'on fait de
l'esprit de surface sans connaître le fond, variations impro-
visées sur un thème absent.

L'influence de l'hermite est visible dans un mince volume

fort intéressant : le *Guide des voyageurs à Bagnères-de-Bigorre et dans les environs, publié par J. B. J.... Se vend au profit des pauvres à Tarbes chez l'auteur* (Jondon ?) *rue du Maubourguet, n° 12* (imprimerie Lagarrigue), 1818, in-8 de 165 pages.

Il va nous montrer Bagnères à l'époque de sa prééminence, de son hégémonie balnéaire. C'était alors une des premières villes d'eaux de l'Europe. Si l'on ne l'appelait pas « la reine des Pyrénées », comme dit de lui-même le Luchon actuel, on disait « la rivale de Spa », et c'était tout dire.

Et il va nous la montrer dans le style du temps. Pendant que nous séjournerons avec lui à Bagnères, avec notre guide nous parlerons la langue spéciale de la Restauration.

Arrivés en calèche, en compagnie d'un indispensable anglais, descendons au *Grand Soleil.* Un splendide dîner est servi dans une salle élégante. Nous louons les talents des cuisiniers et faisons l'éloge du vin de Madiran. Nous ne sommes pas affligés, comme à Barèges, par le triste spectacle des dégradations menaçantes : Bagnères est le lieu de France où l'on s'amuse le mieux. Rendez-vous général de tous les opulents, elle peut être comparée à l'ancienne Baïes, délices des Romains. C'est un mélange de toutes les conditions. Ce que nous exprimerons, en style 1818, en disant que, confondus ensemble, les favoris de Plutus et les bourgeois sans faste se précipitent vers les lieux où la folie agite ses grelots ; ils courent avec la joie de l'espérance vers ces sources abondantes assiègées dès la pointe du jour par la multitude. La comédie, toujours instructive, le jeu, quelquefois si funeste, la danse, les promenades, partagent le temps qu'on ne donne pas à une société dégagée des pénibles bienséances. Aussi les médecins des eaux n'ont garde d'abolir des habitudes qui se concertent si bien avec leur plan : ils ont l'adresse de varier les plaisirs....

(Dès le début, comme littérature d'établissements thermaux, ceci atteint à la perfection du genre).

Un tour dans la ville : églises, promenades, Vigneaux, Coustous, cabinet littéraire de M. Jalon, peintre à ses moments perdus : ce cabinet est décoré de tableaux des plus beaux sites des Pyrénées. Rendons-nous compte des ressources de Bagnères pour la bonne chère. Un coup d'œil aux marchands installés pour la saison : « dans ce bazar de la mode on trouve tout ce qu'elle a inventé de plus nouveau, et tous les colifichets attributs du luxe et de la richesse brillent dans des magasins ornés de production de l'industrie française. »

Les amusements arrivent en foule : des acrobates, des funambules, des aéronautes, des physicologistes, des artistes de tout genre et des jongleurs de toute espèce.

Les jeunes gens de la ville sont « des élégants de grande cité » ; les femmes, « de petites maîtresses maniérées connaissant tout l'avantage que leur donne la fraîcheur de leur teint et la régularité de leurs traits. »

Conseils pour le choix d'un logement. Liste des étrangers. Renseignements administratifs : M. Dufour d'Antist, maire, etc... Antiquités, l'inévitable autel votif romain, (cela fait toujours bien).

Analyse des sources, nombre d'engins balnéaires.

Bains de Salut. « C'est là que la naïade prodigue le tribut de son urne bienfaisante ».

Aspect des bains de Salut : « Dans cette réunion d'hommes, que de réputations usurpées ! que de mérites cachés sous de modestes habits ! que de vices cachés sous le manteau de la vertu ! Si j'avais le crayon de Carle Vernet, je peindrais cet élégant qui monte un cheval fougueux dont les bonds épouvantent les promeneurs, ces jeunes fous conduisant un wiski léger et se plaisant à nous couvrir d'un nuage de poussière ; au coin du tableau je placerais cette belle mélancolique à demi-penchée sur le gazon et laissant couler d'abondantes larmes sur une lettre qu'elle ne cesse de lire ; au pied de ce rocher je peindrais cette beauté surannée qui parle à tout le monde de ses vapeurs et de sa sensibilité, qui se plaint à la fois et de la fraîcheur de l'air et des feux du soleil ; je n'oublierais point ce Mondor au ventre rebondi qui affecte les airs d'un jeune homme, relève avec grâce sa touffe de cheveux d'emprunt, salue tout le monde pour que tout le monde fasse attention à lui.

> « Un hypocondre anglais par le spleen consumé
> Un livide espagnol par la bile enflammé,
> Le chanoine amaigri, scandale du chapitre,
> Les vaporeux titrés, les vaporeux sans titre...
> Des maux d'emprunt, des langueurs de parade,
> Un peuple féminin que Sénac fatigué
> Exprès pour s'en défaire aux bains a relégué....
>
> (Lemierre).

« Tel est le tableau de Salut. Les ridicules abondent partout où la richesse et la fatuité s'introduisent. »

En montant aux bains de la Reine, un dimanche, vous entendrez une musique champêtre. Entrez, mylord, soyez témoin de la joie du peuple : moyennant cinq centimes, vous serez dans la courtille de Bagnères, où des danseurs vigoureux se trémoussent avec de fraîches bagnéraises au son du violon et du galoubet. Mais il y a bien de la poussière chez la Terpsichore champêtre. Sortons. Visitons l'Élysée-Cottin. Voici l'appartement qu'habita l'auteur de *Mathilde*, femme sensible et aimante, vertueuse et désintéressée. (Il y a aussi un Elysée-Azaïs) !

Le soir, allons à Frascati, moderne Tusculum ; bel édifice à peine achevé : amusements honnêtes, jeux de société, papiers-nouvelles, bibliothèque, théâtre, concert, société des dames, bonne chère.

Le jeu ! Dans le plus beau quartier de la ville s'élève le temple de la Fortune. L'Égoïsme et le Hasard sont les ministres attachés à ses autels ; la Politesse vous accueille ; les Regrets et le Désespoir couverts de leurs manteaux funèbres se tiennnent à demi-cachés derrière le péristyle ; le sourire est sur les lèvres de ceux qui entrent, les larmes dans les yeux de ceux qui sortent. C'est une fureur contagieuse :on vient à Bagnères pour hasarder sur une carte les économies d'une année. *C'est l'antre de Cacus !*

Au jeu, opposons le spectacle, un amusement qui n'entraîne après lui aucuns regrets cuisants : *Thalie est toujours reçue avec empressement partout où il y a réunion d'hommes.*

Les excursions, enfin. L'abbaye de l'Escaladieu. La chasse aux Palombes. La vallée de Campan, que M. Ramond a décrite en grand peintre et en savant. Le pic du Midi, dont M. Azaïs entreprit la périlleuse ascension au milieu d'obstacles insurmontables et de dangers sans cesse renaissants, qu'il a racontés dans *l'Ami des Enfants.* Barèges par le Tourmalet. La hourquette d'Arreau, où M. Ramond s'est écrié : *Ici le voile tombe d'une façon magique.* Cette année M. le préfet de Milon-de-Mesne fera ouvrir une route de voitures de Bagnères à Arreau et Luchon par le col d'Aspin.....

## II

### UN NOUVEAU PIC. — LE NÉTHOU.

Luchon ! Il est temps qu'il apparaisse. Jusqu'ici il n'y en a eu que pour Barèges et la vallée du gave de Pau.

Mais voici un fait qui, bien qu'inoffensif, va produire autant d'effet qu'un cataclysme physique, et transporter l'intérêt pyrénéiste de Gavarnie à Luchon. Ce fait est une simple mesure de hauteur. Il déplace le sommet des Pyrénées, le faisant passer du Mont-Perdu aux Monts-Maudits.

En 1816, réapparition aux Pyrénées d'Henri Reboul (de Pézénas, 1763-1839), naturaliste et géodésien, le Reboul de 1787, du pic du Midi et de Ramond, et de la *Description de la Vallée du Gave béarnais*, 1788; Reboul, qui séjourna deux mois aux Pyrénées en 1789 « avec un jeune écossais de grande famille » ; Reboul, depuis député à la Législative, administrateur général de la Lombardie, etc.

Dans un nouveau *Nivellement des principaux sommets des Pyrénées* (exécuté en 1816, publié en 1817 dans les *Annales de Chimie et de Physique*) il donne la prééminence générale au « sommet oriental des Monts-Maudits, entouré de glaces inabordables et encore presque ignoré des observateurs. »

Reboul ajoute : « L'été de 1816, deux observateurs, l'un français, l'autre anglais, tentèrent en vain d'atteindre la région supérieure de cette montagne ; ils furent arrêtés par la pente des glaciers et la largeur des crevasses. Pour dédommagement de leurs fatigues, un détachement de soldats espagnols fut envoyé à leur rencontre et les conduisit comme gens suspects à Vénasque où ils obtinrent non sans peine la permission de revenir à Luchon. Les relations de bon voisinage ne sont pas encore rétablies pour les naturalistes. »

Le voyageur français était M. de Marsac, de Toulouse ; le guide de l'expédition, Barrau. Le but était, semble-t-il, non le « sommet oriental », mais la crête accessible de la Maladetta.

Détail rétrospectif assez curieux. La prééminence des Monts-Maudits avait été devinée, bien avant Reboul, par le maréchal de Noailles. Il est vrai que l'affirmation de

cette prééminence, dans le mémoire du maréchal sur les
Pyrénées, est purement conjecturale et sans valeur scientifique; elle n'est pas déduite d'une comparaison avec le
Mont-Perdu. Le maréchal de Noailles est évidemment monté
au port de Vénasque, très fréquenté : « c'est le chemin que
prennent les marchands de Toulouse et autres du voisinage
pour aller dans le royaume d'Aragon, et par là ils font
passer les laines qu'ils y achètent; ce chemin n'est cependant
pas si bon que celui de la Picade, mais il est plus court et
plus couvert des vents. » Du port, ayant été frappé par
l'aspect saisissant de la Maladetta, il dit : « Je la crois la
plus haute des Pyrénées, parce qu'il y a beaucoup plus de
neige qu'il n'y en a sur toutes les autres. *Il est même
croyable qu'il y en a depuis le déluge, puisqu'en bien des
endroits il y en a plus de cent pieds de hauteur, qui s'est
convertie en glace d'une couleur bleue brillante comme le
cristal.* » Et le maréchal raconte « la plaisante fable que
font les Aragonais et les Catalans, et qu'ils croient comme
l'Évangile. » C'est la légende de la Maladetta : jadis elle
était couverte de pâturages; Jésus y vient, sous la figure
d'un mendiant, pour éprouver les bergers, qui le repoussent
et lancent sur lui leurs chiens : bergers, chiens et troupeaux
sont aussitôt changés en pierres sur la Montagne-Maudite.

Ramond n'avait pas bien saisi cette légende, très
appropriée à la suprême désolation de la Maladetta.


## III

### PARROT. — LE PIC DE LA MALADETTA.


Parrot est un anneau essentiel de la chaîne pyrénéiste : il
a été le second à la Tuquerouye, et vraisemblablement le
premier au pic de la Maladetta, ce qui tranche d'une façon

imprévue la question de priorité sur ce pic. Enfin il a traversé
la région, aujourd'hui encore peu connue, du Montarto. Rien
de plus ignoré pourtant que son livre, qui ne parut ni en
France, ni en français.

D'une famille de réfugiés de la révocation de l'édit de
Nantes, Frédéric Parrot, troisième du nom, médecin et
voyageur, était neveu et fils des deux Frédéric Parrot,
savants allemands, nés à Montbéliard. Son père (1767-1852)
acheva sa carrière en Russie, recteur de l'Université de
Dorpat et membre de l'Académie de Saint-Pétersbourg. Lui
même (1791-1841) né à Carlsruhe, devait finir recteur de
l'université de Dorpat et conseiller d'Etat russe.

En 1817, âgé de vingt-six ans, déjà membre de l'Académie
des Sciences de Pétersbourg et chirurgien en chef dans
l'armée russe, ayant publié un *Voyage en Crimée et au
Caucase*, Frédéric Parrot, à la fin de la saison, 5 septembre-
27 octobre. parcourut les Pyrénées de Saint-Jean-de-Luz
à Perpignan. La relation de son voyage n'a paru que plus
tard, sous le titre *Reise in den Pyrenaen von Friedrich
Parrot, doct. d. méd. et chir.*, dans un recueil scientifique
de Dorpat, 1823, et la même année à Berlin en un volume
in-8 de 169 pages et trois planches.

Rapport scientifique, bref et sec, *extra-dry*, anti-pitto-
resque, du type Pasumot : voyage barométrique, géognostique
et sphygmométrique. Parrot relève une série de deux cents
hauteurs, fait force « géognosie » et note avec soin la
fréquence du pouls en corrélation avec l'altitude.

Notons les passages intéressants.


Le 15 septembre, désirant monter le Mont-Perdu, il ne
trouve pas à Gèdre Rondo, le guide de Ramond. Pour ne pas
laisser perdre une belle journée, il prend l'aubergiste
Antoine Debaguette, homme robuste qui avait accompagné
De Charpentier, mais n'était jamais allé au Mont-Perdu. Ils

couchèrent avec des bergers espagnols dans une cabane de la vallée de Gavarnie voisine de la brèche d'Allanz. Le lendemain, descendus dans la vallée d'Estaubé, ils atteignirent la Tuquerouye. « Nous dûmes mettre nos crampons. Avec leur aide et surtout avec nos bâtons ferrés nous allâmes sûrement sur la paroi de neige. Nous contournâmes une crevasse de cinq pieds de large qui coupait cette paroi exactement par le milieu. Nous ne parvinmes pas sans des dangers réels de glisser en bas, sur l'extrémité de la crête de rochers, où nous eûmes devant les yeux le Mont-Perdu dans toute sa magnificence, le lac du Mont-Perdu sous nos pieds, et la vallée espagnole de Biosse à notre gauche. »

Le guide se fit fort d'atteindre le Mont-Perdu en une heure et demie. « Nous tournâmes le lac par l'Ouest et grimpâmes tantôt sur des blocs de rochers, tantôt sur des pentes de neige, nous nous fimes la courte échelle, nous nous servîmes de ponts de neige pour traverser les crevasses; enfin, nous n'épargnâmes pas nos efforts pour arriver à une terrasse au-dessus de laquelle est le sommet même, en tronc de cône avec une surface unie tournée vers le Nord. Plus d'une fois Antoine avait exprimé le naïf désir de ne pas se trouver ici parce qu'il ne savait pas *comment en sortir* » (*sic*, en français). « Nous retournâmes sans avoir atteint le sommet, environ 250 mètres au-dessous et à 3.081 mètres » (c'est la hauteur du col du Mont-Perdu). « Le temps était clair et le plus favorable. Il était exactement midi. Nous descendîmes par le val d'Estaubé à Hias ».

Le 15 septembre, le vieux Rondo ayant donné à Parrot, pour guide, moyennant six francs par jour, son fils, lequel avait déjà conduit M. de Marsac au Mont-Perdu, l'ascension fut reprise avec succès par la brèche de Roland, Millaris et Gaulis.

Parrot passa à Luchon par le Tourmalet et le port de

Peyresourde. Là il fit cette ascension-promenade, superbe course-panorama, qui a été l'orgueil de Luchon pendant un demi-siècle : Bacanère, d'où il dessina une vue des Monts-Maudits qu'il a donnée dans son livre. Il visita Saint-Béat.

Résolu de monter à la Maladetta, il part le 28 septembre avec le vieux Barrau, qui dès l'abord l'impressionne mal, « parce qu'il emmène avec lui son cheval jusqu'à la dernière cabane ». En montant au port de Vénasque il cote à 2.000 mètres le « caillou de demi-port » *(la pierre de moitié-port,* disent aujourd'hui les guides). Au plan des Aygoualuts étaient des bergers espagnols rabattant leurs troupeaux, Barrau conseille de se cacher sous des pins, jusqu'à ce que ces bergers soient hors de vue, et raconte à son voyageur étonné la mésaventure de l'année précédente, l'arrestation de la caravane de Marsac.

On couche à la caverne de Turmon (la Rencluse) en dissimulant le feu, et le lendemain on monte vers la crête de la Maladetta : on passe sur un pont de neige la grande crevasse, la bergschrund, et on se dirige vers deux grosses pointes de rochers dites « les deux hommes », but des voyages précédents à la Maladetta.

Désireux de pousser plus loin, Parrot raconte alors qu'après quelques pas sur le versant Nord, il trouva un étroit passage qui le mit à sa joie sur le Sud de l'arête, où des rochers moins escarpés, et amoncelés, lui donnaient la possibilité d'atteindre le sommet. Suivi de Barrau, il mit ses épaules à réquisition pour atteindre des rochers où il le tirait ensuite, et « ainsi de rocher en rocher, nous arrivâmes au plus haut qui dominait d'environ trois mètres sur le reste et qui est le vrai sommet de la Maladetta, jusqu'ici inaccessible ». Parrot estime ce sommet à 3.309 m. 60 (les officiers d'État-Major l'ont coté définitivement 3.312). « Cela surpassa mon attente. Je jouis ici pour la seconde fois de tous les charmes d'une halte dominant toute une chaîne, je

me réconfortai d'air pur, et de l'agréable sensation d'avoir
employé mon temps et ma force pour un résultat qui me
récompensait, et pour un beau but. » (29 septembre 1817).

Assis sur des blocs de rochers, et ayant compté son pouls,
Parrot contemple et détaille l'immense panorama : les montagnes du Nord ; les sommets de Crabioules en face, à l'Est
les Pyrénées Orientales et « l'immense cercle dont les
sommets entourent les sources de la Garonne ». A l'Ouest,
au loin, le Vignemale, le Mont-Perdu. Au Midi, peu de neige,
et comme au Mont-Perdu, le passage plus rapide des grands
sommets aux sommets plus bas et à la plaine.

Du pic où il était partait une crête se terminant par un
sommet appelé pic Néthou, plus haut de cinquante à soixante
mètres que la Maladetta et de vingt mètres que le Mont-Perdu
(Parrot cote le Néthou 3.365 mètres). « Ce sommet, » dit-il,
« ne m'était pas accessible pour le moment, avec l'aide de
mon guide unique et assez maladroit, mais que celui qui
veut se donner le plaisir d'atteindre un point plus élevé
prenne tout à fait à l'est du lac de Turmon » (la Rencluse)
« franchisse l'arête qui descend de l'extrémité de la Maladetta à travers toute l'étendue de neige du versant Nord »
(l'arête du Portillon) « et qu'il porte ses pas sur les blocs
escarpés de rochers qui vont du pic de Néthou jusqu'à la
moitié de la région de neige, et il sera sûr de ne pas
manquer son but. »

Enfin, sur le versant Sud, Parrot vit une masse de neige
commencer à cinquante mètres sous lui, et se terminer
deux cent cinquante mètres au-dessous, « dans l'entonnoir
où se trouvait le lac de Grigougno entouré de hautes et
raides parois de rochers. » (Voici pour la première fois le
fameux grand lac — si peu connu encore aujourd'hui — de
Quérigouégna, Grégouègne, Grégonio.)

Le retour se fit par le port de la Picade.

A Luchon, le pharmacien Paul Boileau, maire, qui avait mis son laboratoire à la disposition du médecin russe, dissuada Parrot de partir trop tôt, et lui conseilla un voyage supplémentaire, pour toutes les étapes duquel il le munit de lettres de recommandation.

Le 5 octobre, avec le jeune Martre pour guide, Parrot passa le port d'Oo, le baromètre à la main, (c'est donc le second récit que nous ayons de cette course : et cette fois, le pic de Montarqué y est noté), descendit à Vénasque où il fut reçu par le gouverneur. Le lendemain, il fit la belle ascension du pic Gallinero, d'où il dessina une vue du revers Sud de la Maladetta qu'il a donnée dans son livre. Il estime que la limite des neiges permanentes est à la hauteur du lac de « Grigougno ».

Il descendit directement sur Castejon (bon accueil chez le pharmacien). Le 7 octobre, par Zambaléri, Las Paoulas, Noals, à Vidalier. Le 8 par Barrouérou, la vallée de Bohi, à l'hermitage. Le 9, par Caldas, la Noguera de Tor, l'estan de Tor (1.748 mètres : le lac de los Caballeros), l'estan Negro ou Soprator (2.162 mètres; le lac Noir), l'estan Trabessani (2.280 mètres, le lac de Tramezane) et d'autres lacs dont le plus haut est le grand lac Gouailligrestada (2.451 mètres, lac de las Moungas ou des Religieuses), le port de Gouailligrestada (2.504 mètres) que Parrot place à à l'Ouest du port de Caldas (lequel est aussi appelé, sur les cartes actuelles, *port de Crestado*), passage dans la vallée d'Aran; estagnette d'Artias, enfin village d'Artias : (excellent accueil chez le pharmacien). D'Artias à Viella, Parrot fait route avec le gouverneur de la vallée d'Aran, don Antonio de Gispert, ancien émigré français. Enfin le 12 octobre il rentre à Luchon par le Portillon, ayant fait le très grand tour du massif de la Maladetta et traversé le Montarto ; et ayant été pendant une semaine le prédécesseur certain — mais peu ému — des Jeanbernat, des Gourdon, des Lequeutre, des Schrader.

Au départ de Luchon, Paul Boileau accompagna jusqu'à Ussat le jeune docteur russe, qui continua son rapide et beau voyage par Ax, Mont-Louis, Perpignan, Marseille.


## IV

### REBOUL ET DUFOUR.


Revenu en 1820 à Luchon, où il se lia avec Dufour, Reboul rédigea un *Mémoire sur la géologie des Montagnes Maudites dans la vallée de l'Essera* (publié en 1822 dans le *Journal de Physique*, avec deux planches).

Ce mémoire, purement scientifique, a ceci de pittoresque, qu'il donne tout à coup la nomenclature exacte des sommets et autres lieux géographiques de la région des Monts-Maudits : Fourcanade, Poméron, Pique blanche, Tusse de Vargas, pic des Barrancs, port de la Glère, port Vieux, Gourgouttes, Mal Pintat, glaciers du Lys, Tusse de Maoupas, Ramongna, région de Litarola dont les eaux vont naître au pied du Perdighéro; le ravin de « Gragougne » creusé dans le granit et par lequel un torrent porte à l'Essera les eaux du revers méridional de la Maladetta, torrent qui prend naissance à un lac entouré de glaciers (c'est la première fois que le nom du lac de Grégouègne est imprimé, puisque la relation de Parrot n'est datée que de 1823); — « l'édifice remarquable des bains de Vénasque, bâti récemment par l'architecte des bains de Luchon pour recevoir cent malades et où on ne voit personne, tandis qu'à Luchon les bains sont si fréquentés : il y a plusieurs siècles d'écart dans la civilisation »; — enfin le torrent de Malinvierne (Malibierne). Pour parachever cette région ajoutons une montagne nommée par De Charpentier le Posata, et par Dufour et Reboul, le Posets.

Tous ces noms ne sont pas ici créés. Ils étaient donc préexistants. Alors, si les nomenclatures des auteurs plus anciens sont pleines d'erreurs et de confusions, notamment celle de Ramond, ce n'est pas que, de leur temps les noms fussent tous incertains, c'est que les écrivains ont été mal renseignés, par des chasseurs, des bergers.

Dans le mémoire de Reboul est le véritable extrait de baptême du pic de NÉTHOU. Le voici :

« La grande arête granitique des Montagnes Maudites forme deux sommets principaux, dont l'un plus voisin du Nord et du Couchant et placé en face du port de Vénasque a fixé presque exclusivement l'attention des curieux. Le glacier qui en descend a été traversé par un grand nombre d'observateurs depuis MM. Ramond, Cordier et de Charpentier. D'après leurs relations et les traditions locales, *M. Parrot paraît être le seul qui soit parvenu à placer son baromètre sur le sommet qui la termine.*

*Mais le sommet occidental est loin d'être le plus élevé de la région. Cette prééminence appartient à un autre sommet plus voisin de l'Orient et du Midi et placé au centre des glaciers. Ce sommet, qui avait été autrefois remarqué par M. Ramond, est désigné quelquefois sous le nom de* PIC DE NÉTHOU, *du nom du village espagnol le plus voisin.* Mais dans ce village même et dans toute la contrée il est appelé Malahitta. La différence de hauteur avec la Maladetta est de 127 mètres. Le Néthou surpasse le Mont-Perdu de 70 et le Posets de 52. Ce dernier serait plus haut que le Mont-Perdu ».

Notons que si avec Reboul la Malahitta est le Néthou, avec Ramond la Malhetta était le pic du Milieu, et qu'avec les officiers d'État-Major, la Malahitta redevient définitivement le pic du Milieu, portant la cote de 3.354 mètres.

Rappelant quelques tentatives inutiles qu'il croit à tort faites sur le Néthou, et celle de son compagnon de voyage Dufour, Reboul ajoute : « Si la route des glaciers est impraticable, ce qui n'est pas suffisamment démontré, le sommet pourrait être atteint par les pentes de son revers méridional ». Reboul trace ici, vingt-cinq ans d'avance, l'itinéraire de la première ascension.

Le *Mémoire* de Reboul, disons-nous, est purement scientifique. Mais il a un complément relativement pittoresque, la relation de son compagnon de voyage, qu'il faut aller prendre dans un livre intitulé :

*Voyage souterrain ou description du plateau de Saint-Pierre de Maëstricht et de ses vastes cryptes, par le colonel Bory Saint-Vincent. Suivi de la relation de nouveaux voyages entrepris dans les Montagnes Maudites par M. Léon Dufour, docteur en médecine de l'ancienne armée d'Aragon.* Paris, Ponthieu, libraire, Palais-Royal, galerie de bois, n° 252, 1821, in-8.

Léon Dufour, médecin à Saint-Sever (1782-1865) est devenu célèbre comme naturaliste (il fut correspondant de l'Institut et obtint le prix Cuvier) ; il sut introduire la verve et l'esprit dans les mémoires entomologiques, et on lui en doit plus de deux cents !

En 1819 il avait monté le pic d'Ossau, et s'était mis en grand danger sur le pic Amoulat, aux Eaux-Bonnes, près du pic de Ger qu'allait bientôt monter Chausenque.

Bory Saint-Vincent dédie à Dufour son voyage souterrain, et Dufour dédie à Palassou ses trois lettres sur la Montagne Maudite, qui ne forment que quatre-vingt-dix pages. C'est une oasis de français écrit simplement, au milieu du jargon ambitieux du commencement du siècle. Aussi, bien que semés de botanique et un peu vagues dans les descriptions, ces récits n'ont pas vieilli et on pourrait les croire parus

hier dans l'Annuaire du Club Alpin. Voici la substance de
ces trois « voyages ».

Reboul et Dufour, établis à Luchon, passent le 3 août 1820
le port de Vénasque, notant sur la route le pic Sacroux, le
pic de la Mine, le cordon sanitaire de troupes françaises, les
taches de neige qui servent à l'approvisionnement des cafés
de Luchon, les quatre lacs que M. Ramond a trouvés
lugubres et qu'ils trouvent encore tels malgré le beau temps ;
ils sont dominés par le « tuc du Bomb » (Sauvegarde ?
Dufour ne confond-il pas avec le pic de Boum ?).

Du port, où Reboul dessine la Maladetta, on vient passer
au trou du Toro et camper sous le pic des Barrancs.

Le lendemain, pendant que Reboul, plus âgé et fatigué,
se dirige, comme jadis Ramond, vers l'ermitage d'Artigue-
Tellin, Dufour. « qui a son pic de Néthou dans la tête » et qui
mentionne ici les tentatives infructueuses de M. de Marsac
de Toulouse accompagné du guide Pierrine Barrau, et
de Parrot, voyageur russe, (en quoi Dufour se trompe,
puisqu'il s'agit de tentatives — dont l'une réussie — sur le
pic de la Maladetta, et non sur le Néthou,) essaie sur le pic
une ascension peu poussée mais originale d'itinéraire :
montant droit, en partant de la base du pic des Barrancs.
Après quatre heures de marche à travers un dédale de
roches granitiques, on fait halte dans une région « sépul-
crale ». Nul arbre, nul arbrisseau n'en rompent l'affreuse
monotomie. Ruines sur ruines, voilà tout. « J'avais à mes
pieds le lac des Barrancs, à l'Ouest le glacier oriental de la
Maladetta, le pic de Néthou au Sud. » Des nuages « jaloux »
vinrent s'y amonceler, et s'abaissant rapidement, comman-
dèrent la retraite.

Il faut croire que Dufour n'avait pas tant que cela « son
pic de Néthou dans la tête », car il n'insista pas, et avec son
guide Martre alla rejoindre Reboul à l'ermitage d'Artigue-

Tellin, composé de trois constructions : une chapelle de la Vierge, un presbytère, et une auberge. Ils rentrèrent à Luchon par le Portillon.

Le second voyage comporte deux herborisations dans le val d'Esquierry (jolie description de la route dans la vallée de l'Arboust) poussées jusque dans la région du pic Néré (vue magnifique), et, le 9 août, la traversée à Vénasque par le port d'Oo. C'est le troisième récit (le second paru) en comptant celui de Parrot, que nous ayons de cette dernière course. Mais le premier, celui de Ramond, était déjà définitif. Un seul incident, une chute de Reboul.

La troisième lettre nous donne la suite, le 10 août ; le tour des Monts-Maudits, bien et simplement conté : Vénasque, Serlé (vue d'El Pico et du pic Gallinero), col de Bassibé, vallée de Castanèse, col de Salinas, Borde del Rey, village de Néthou (ou Aneto), Noguera Ribargozana, hospice, port et ville de Viella. Rentrée à Luchon par la vallée d'Aran et le Portillon.

Ainsi toute cette région de Luchon et des Monts-Maudits se précise et prend son modelé.

# SOUS LA RESTAURATION

(SUITE)

## V

### RÉCITS D'AMATEURS.

Revenons aux relations fantaisistes ou déclamatoires :
aux livres de sensations, opposés aux livres de renseignements secs.

Laissons donc l'*Itinéraire topographique et historique
des Hautes-Pyrénées, servant de guide aux établissements
thermaux, par A. A**** (Arnaud Abadie, de Lourdes).
Paris, de Pelafol, et Tarbes, Lagleize, 1819. Guide banal,
guide de vallées, ignore la montagne. Aussi aura-t-il du
succès ! (troisième édition en 1833). Deux lithographies,
très curieuses comme facture timide et pâle du début de ce
procédé, signées *L. D. L. 1819*.

Et passons aux relations des pyrénéistes amateurs, des
« gens du monde ». C'est une floraison.

C'est une excellente personne que M^me Joudou qui dédie
à sa mère un *Voyage dans les Pyrénées en 1818* (anonyme),

Paris, imprimerie de Plassan, septembre 1820, in-8 (itinéraire : Bordeaux, Luchon, Barèges, Pau, Toulouse), et qui s'inquiète lorsque ses enfants sont mouillés par la pluie en traversant la hourquette d'Arreau. Mais peu montagnarde : trouve que le village de Cazaril, près Luchon, est « à une excessive hauteur » et qu'il y a de « mauvais pas » pour descendre du Portillon. C'est la note du temps !

Peu vigoureuse, M^me Joudou n'est capable d'impressions qu'au début des courses. Ensuite la fatigue physique et intellectuelle la prend. Ainsi, pour le Vignemale vu du lac de Gaube : « toutes mes facultés avaient été épuisées au pont d'Espagne » ; pour le cirque de Troumouse : « mes facultés s'étaient usées la veille aux *gradins somptueux* du Marboré. » — M^me Joudou décrit le cirque de Gavarnie comme s'il était un cirque à la Franconi : « *D'immenses colonnes supportant d'immenses gradins ; au-dessous d'autres colonnes soutenant des balcons, des galeries ; on dirait que la nature a voulu donner une fête dans ces galeries* ». Les petites cascades sont « *des girandoles brillantes s'éclairant un jour de fête* » (!!!)

Au chaos : « Oh, si une de ces masses avaient roulé sur nous ; mourir dans ces déserts loin de tout ce qu'on aime...! ». etc. Le besoin de se mettre l'imagination à la torture, pour n'arriver à rien. (O Azaïs !).

Un moment, il semble que nous allons trouver une veine intéressante. M^me Joudou a pour guide le vieil Antoine (Mouré) le guide de Ramond. Elle le met sur le chapitre de Ramond. « Rien n'égale son courage et son adresse », dit aussitôt le guide, « il étonnait les montagnards les plus audacieux.... ». Il n'y aurait qu'à le laisser continuer et l'on tiendrait sur Ramond un *interwiew* précieux. Mais M^me Joudou s'empresse de lui couper la parole et c'est elle qui continue avec

exaltation : « Oui, dis-je, sa marche légère et rapide
ne connaît pas d'obstacle. Il sait tout franchir et s'élance
comme l'isard ; il s'élève comme la pensée au-dessus des
sommets inconnus ; il cherche, il épie, il découvre la nature ;
il la révèle avec une vérité, une élégance, une chaleur
d'âme qui ravissent le lecteur avide. Philosophe, homme de
bien, savant éclairé, observateur infatigable, ardent ami
de l'humanité, l'envieux, le critique l'attaquent, les cœurs
secs ne le comprennent pas, les jaloux lui contestent
l'exactitude. Pour moi je l'ai dit hautement partout aux
détracteurs de ce beau talent, j'ai constamment vu dans son
ouvrage la vérité...... » Etc,, etc., etc. Voilà M^{me} Joudou
partie ; rien ne peut plus l'arrêter !

*Promenade de Paris à Bagnères-de-Luchon, par le
C^{te} P. de V.* (Vaudreuil). Paris, Egron, 1820, in-8.
Citons seulement cet horoscope : « C'est une grande
courtoisie que d'appeler Luchon une ville, mais je crois que
nos neveux verront une ville en ce lieu, car l'endroit prend
de l'accroissement, et déjà on y voit un assez grand nombre
de maisons qui sont fort jolies. Des ruisseaux qui coulent
dans les rues réparent, autant que possible, les incongruités
de certains usages, qui malheureusement ne se bornent pas
aux régions pyrénéennes.... »

*Voyage poétique au Mont-Perdu ou à la cime des
Pyrénées, par M. G. B. Dédié à M^{elle} de ****. Paris, Eymery ;
Pau, Perris, et Tarbes, Lagleize (la seconde édition est
de 1823).
L'auteur, parti de Bordeaux (août 1820) en bateau à
vapeur jusqu'à Langon, est poète, royaliste, et fiancé. Il
parcourra donc les montagnes en semant, dans les sites
décisifs, des petits vers à son prince et à sa belle. Orographie
et loyalisme, amour et Pyrénées !

Au château de Pau :

> « Voici les lieux qui virent naître
> Le plus loyal des chevaliers,
> Le plus terrible des guerriers
> Et des Français le plus aimable maître.
> . . . . . . . . .. . . . . . . . . . . . . . . . . . . . . . . . . . . . . . . . . . . .
> D'un monstre le fer régicide
> En deuil changea ces jours de gloire et de bonheur,
> Et le même fer homicide
> Vient de frapper la France au cœur. »

Ceci est pour l'attentat de Louvel. Voici pour les bains de Saint-Sauveur :

> « Nous approchons de ces eaux merveilleuses
> Qui, dit-on, rendent la santé,
> Qui du temps réparant l'injure
> Et corrigeant jusques à la nature,
> Rendent aux femmes leur beauté,
> Aux perclus leur agilité.
> De belles un essaim rapide
> Monté sur des coursiers ailés
> Parcourt les étroits défilés :
> Un essaim d'élégants les guide... »

A Notre-Dame-de-Héas, G. B. prie en vers pour la duchesse de Berry ; il ne s'oublie pas non plus et demande, toujours en vers, qu'un lien immortel l'unisse à M$^{elle}$ L... (Louise, évidemment).

A Gavarnie il est contrarié par le mauvais temps, mais il peut monter au Piméné.

Enfin le Mont-Perdu, qu'il dit — inexactement — n'avoir encore été monté que par Ramond et un jeune officier russe (Parrot). Et voici ce que le poète-ascensionniste raconte à sa fiancée.

Départ de Gavarnie (après la messe), avec trois autres touristes et trois guides, dont Rondo fils. Au lieu de prendre par la brèche de Roland ou celle d'Allanz, on contourne la Coumélie pour parcourir toute la vallée d'Estaubé (itinéraire singulier.) Ici, démarquage pur et simple de Ramond, sans une seule impression personnelle. A partir du port de Pinède, un récit étrange, où l'on croit démêler une part de véracité noyée dans un vague extraordinaire, systématique et hâbleur, quelque chose comme le Mont-Perdu entrevu pendant l'ivresse. C'est du très bon Cyrano. « Nous fûmes obligés de franchir un torrent impétueux et large qui nous offrait un danger presque inévitable de mort. Il était large de quinze pieds, s'élançait de la montagne en masse, avec une rapidité incroyable, et n'était divisé à une distance de dix pieds de nous que par un rocher mouillé de ses flots. J'ai franchi cette distance de dix pieds en m'élançant..... Après ce saut périlleux nous nous sommes mis en devoir de gravir les montagnes les plus escarpées. » Après quatre heures de montée dans un morne silence, on couche à la belle étoile, sans feu, sans couvertures, étendus « *sur un lit de pierres tranchantes, en modelant sur elles nos corps : nos faces étaient voilées de simples petits mouchoirs blancs.* » Au point du jour on entame, quoique manquant de chaussures (!), *l'escalade des remparts qui ont servi aux Titans pour escalader le ciel.* Glacier, isards ; remparts formidables, dont la projection forme quelquefois de profondes grottes, tournés et gravis par une légère ouverture qui a une direction perpendiculaire. Quelques difficultés, velléités de découragement. (C'est la période de crise, par laquelle passent tous les ascensionnistes occasionnels qui se sont lancés d'enthousiasme : il y a toujours un moment où ils aimeraient mieux être restés chez eux.) Cent pieds de roc à pic ; de là un nouveau mont, pris pour le Mont-Perdu et qui n'en était que le satellite. Puis un second mont, encore pris à tort pour le Mont-Perdu. Enfin, près de la vraie cime, formidable, ayant à droite d'immenses glaciers à pic, « nous avons découvert une cascade qui s'est frayé une route perpendiculaire. » Escalade de quatre-vingts pieds en recevant les flots glacés de cette cascade sur le corps.

Et une fois sur la cime, que voit-on ? On voit « *une gradation, une symétrie, un ensemble dont l'harmonie a fait naître en notre âme des sensations extraordinaires et inconnues : il est impossible de les décrire...* » (Ceci ressemble bien à ce qu'on voit du sommet du Mont-Perdu quand on n'y est pas !)

Conclusion : voilà, faudrait-il croire, le redoutable Mont-Perdu de Ramond mirlitoné de vers déposés dans une bouteille par un novice !

> « Enfin du Mont-Perdu j'ai retrouvé la cime,
> De ses affreux rochers j'ai gravi les hauteurs,
>     La mort n'a pour moi plus d'horreur,
>     L... et l'amour m'anime ;
> La terre est à mes pieds, je plane dans les airs,
> L... en payant d'un doux regard mon zèle,
> Peut m'ouvrir à son tour un nouvel univers.
>                 G. B..., le 4 septembre 1820. »

Retour par la brèche de Roland. (???)

Mais, encore une fois, l'ascension est-elle réelle ? Le problème est intéressant, de savoir s'il faut ajouter une caravane de quatre ascensionnistes, dont notre poète, à la liste glorieuse mais très restreinte de ceux qui ont gravi le Mont-Perdu par l'Est : Ramond, Packe, Russell. Mais il est insoluble ; le récit est trop vague, il se garde avec trop de soin de toute précision compromettante. Il rappelle le récit de La Peyrouse sur la Tuquerouye ! L'ascension totale est plus que douteuse. Il semble que la cascade qui tombe des glaces à l'Est ait pu être vue. Sommes-nous en présence d'une course partielle ? Ou de la simple paraphrase de renseignements demandés à un guide ? *Devine, si tu peux..* Voilà un fiancé qui n'inspire pas confiance.

Fin du voyage, qui se termine avec enthousiasme sur la providentielle naissance du duc de Bordeaux.


# VI

## M. THIERS, LE COMTE ORLOFF, GAVARNI, ETC.


Nous sommes au temps du cordon sanitaire et du rassemblement, en corps d'observation, de l'armée destinée à la campagne d'Espagne. Un jeune publiciste, arrivé de Marseille à Paris et venant de se faire connaître par un *Salon de 1822*, longe les Pyrénées de Perpignan à Bayonne. Du livre qu'il tirera de son voyage les Pyrénées seront absentes. Nous n'avons pas affaire à un touriste émerveillé, mais à un politique horripilé. Horripilé, comme libéral, par le rassemblement des troupes et l'expédition qui se prépare. D'ailleurs il ne nous trompe pas, le titre de son livre dit la vérité : *Les Pyrénées et le Midi de la France* PENDANT LES MOIS DE NOVEMBRE ET DÉCEMBRE 1822, *par M. Thiers*. Paris, Ponthieu, Palais-Royal, galerie de bois n° 252, 1823, in-8 de 220 pages. Plus tard ce livre, qui a eu de nombreuses éditions, est devenu solennellement un *Voyage dans les Pyrénées par A. Thiers, auteur de l'histoire de la Révolution française,* ou *A. Thiers, de l'Académie française.* Une dernière édition est revenue au titre primitif.

Le morceau caractéristique de M. Thiers est celui où il parle des Pyrénées pour dire qu'il n'en parlera pas. La politique et *l'armée de la Foi* épuisées : « Si je voulais continuer ma narration, il ne me resterait plus que des montagnes et des mœurs pastorales à décrire. Mais je sais assez que les lecteurs, occupés aujourd'hui des intérêts les plus graves, cherchent dans les Pyrénées autre chose que

des rochers et des pâtres. Il est passé ce bon temps où, dans
les salons dorés, des coquettes avec des flots de carmin sur
le visage et des mouches noires sur leur teint de crème
n'aimaient à s'entretenir que des sites des Alpes, que de la
fraîcheur des bergères et de leur fidélité conjugale. Nous
ne sommes plus si près de la nature, et nous aimons nos
affaires en vrais bourgeois qui ont la bassesse de soigner
leurs intérêts. Je ne décrirai donc ici ni les hautes Pyrénées,
ni la charmante Bagnères où l'élégance de Paris se trouve
au sein des montagnes, sous un ciel magnifique, et à côté de
l'heureuse et opulente égalité de Campan ; je n'entretiendrai
mes lecteurs ni du pic du Midi, ni de Barèges, ni de
Gavarnie, ni de la brèche de Roland ; je me tairai net sur
toutes ces belles choses, que nous ferions bien d'aller voir
avant de courir en Suisse ou en Écosse.... ».

M. Thiers, qui personnellement ne va pas voir toutes ces
belles choses qu'il veut qu'on aille voir, a cependant fait
une ascension. Il est monté à l'abbaye de Saint-Savin.

Les voyageurs se suivent et ne se ressemblent pas.

*Description des voyages de S. A. R. Madame, duchesse
d'Angoulême, dans les Pyrénées, pendant le mois de
Juillet 1823*, ( Bayonne, Pau, Saint-Sauveur, Barèges,
Cauterets, Bagnères, Gavarnie, Luchon, Pau, Ossau) *par
Palassou*. Pau, Vignancour, 1825, in-8.

Palassou ! Palassou-Nestor, soixante-dix-huit ans ! L'auteur de l'*Essai sur la minéralogie des Monts-Pyrénées*
1781. Palassou-ophite ! A partir de 1815 Palassou, correspondant de l'Académie des Sciences, avait fait réimprimer
en volumes à Pau, chez Vignancour, ses divers *Mémoires
pour servir à l'histoire naturelle des Pyrénées*, 1815,
*Suite des Mémoires*, 1819, *Supplément*, 1821, *Nouveaux
Mémoires*, 1821. (Il y a de tout là-dedans : *Notice de la
disposition naturelle des Béarnais pour les belles-lettres*,

*les sciences, les arts, le commerce, etc. — Sur les funestes
effets de la destruction des forêts. — Observations faites
(de loin !) au pic du Midi d'Ossau en 1801, etc.).*

*A Peep at the Pyrennees, by a pedestrian, in 1823*
Paris, Baudry, 1826, in-8. Voyage à prétentions humoristiques ; Toulouse (neglected) ; ses dévots, ses grisettes ; au
théâtre, le *Barbier de Séville* de Rossini ; Saint-Gaudens,
Pic du Midi, Barèges, Réas (Héas), Gavarnie, Argelès, etc.
Le pedestrian, qui à l'occasion voyage en diligence comme
un autre, son *Galignani guide at the South of France* à
la main, se plaît à glisser en italique des mots français :
*Coffee au lait, Panorama de M. Jalon*, (le *Pyrénéorama*),
le *Conducteur* de la diligence : *Allons, Messieurs,
montez, s'il vous plaît!* etc.

Rien à dire du volumineux *Voyage dans une partie de
la France, ou lettres descriptives et historiques adressées
à la comtesse Sophie de Strogonoff par M. le comte Orloff,
sénateur de Russie.* Paris, Bossange, 1824, 3 vol. in-8 (En
1831, le libraire Bossange a eu l'idée d'intituler ce voyage
d'un russe *l'Anacharsis français.*)

Le comte Orloff accompagne à Barèges en 1822, « une
personne qui lui est chère ». Il voyage à petites journées, par
Bordeaux à l'aller, retour par Toulouse. S'il donnait des
impressions personnelles, s'il avait des idées à lui, on pourrait
toujours y trouver à glaner. Mais il compile pesamment,
donne des histoires du Béarn en cent pages, de la guerre des
Albigeois, etc. (Forte ressource, l'histoire, quand on est à
court !)

Comme montagnard, le comte Orloff, bien que sachant
très bien son Ramond, est de l'école de Dusaulx, de l'école
de la terreur, des monts « sourcilleux », et du « précipice »
(Ramond lui-même en 1787, n'avait-il pas trouvé une demi-

douzaine de « précipices » dans sa course à la Maladetta ? La vallée de l'Esséra était un précipice ; il y avait le précipice du Goueil de Jouéou ! etc.) le tout en style Restauration au suprême degré. Exemple au Tourmalet. « *Me voici enfin parvenu sur le sommet de cette haute et large montagne. Me voici donc participant en quelque sorte de la nature des Titans. Escaladant comme eux le ciel, sans vouloir toutefois participer à leur crime, je viens admirer de plus près le séjour des dieux, et non leur insulter...* » (!)

Au sommet du pic du Midi, il s'écrie : « Quel spectacle ! Non il n'en est pas de plus beau pour l'homme, *si ce n'est celui d'une grande et belle action !* »

Voici maintenant un jeune parisien de vingt et un ans, Hippolyte Chevallier, qui en 1825 a renoncé à son emploi de dessinateur chargé de graver le pont de Bordeaux, pour excursionner dans les Pyrénées, ayant pour tout bagage « quelques dessins, un peu de linge, une pipe et des crayons ».

A Tarbes il a été accueilli par **M.** Leleu, géomètre du cadastre qui l'occupe dans son service : le jeune Chevallier a le prétexte pour excursionner. Il trace un *Plan d'alignement de Lourdes* ; il envoie à Paris, à divers éditeurs, des séries de lithographies ou de dessins : *Costumes des Pyrénées*, *Travestissements* ( pyrénéens ) *de femmes*, *Souvenirs des Pyrénées*, etc.

Puis un jour de 1829, à Paris, ayant à prendre pour ses dessins un pseudonyme, il se souvient du spectacle qui l'a le plus frappé dans les Pyrénées et signe : *Gavarni*.

Et le nom charmant du cirque pyrénéen va recevoir une célébrité nouvelle et imprévue : il va signer la comédie de mœurs du XIX$^e$ siècle, *Fourberie de femmes, la Boîte aux lettres, le Carnaval, les Débardeurs, les Lorettes, les Enfants terribles, Clichy, les Invalides du sentiment, Thomas Vireloque !...*

# VII

### LE COMTE DE MARCELLUS. — SAMAZEUILH.

Sous la Restauration il a été fait de nombreuses réim-
pressions des œuvres du chevalier Bertin. Elles remirent
en vue un des premiers écrits pyrénéistes, antérieur à
Ramond, la *Lettre à M. le Comte de Parny, écrite des
Pyrénées*; lettre prose et vers, vive, légère, charmante,
tableau spirituel de la vallée du gave de Pau, des bains de
Saint-Sauveur où Bertin soignait gaiement sa triste santé :

> « Sous une voûte ténébreuse,
> Où pend et brille en perle un sel jaunâtre et dur,
> S'échappe à gros bouillons une onde sulphureuse....
> Debout dès l'aube matinale,
> C'est là qu'un thermomètre en main
> Tout malade, en guêtre, en sandale,
> En mule étroite, en brodequin,
> Curé, juif, actrice, ou vestale,
> Ou moine, ou gendarme, ou robin,
> Court s'entonner d'eau minérale
> Et cuire à la chaleur du bain..... »

Il goûtait les parties à cheval, deux fois par jour, hommes
et femmes en escadron sur les chevaux du pays, petits et
maigres mais au pied sûr ; et aussi les promenades à pied,
qui lui rappelaient la forêt de Saint-Germain et les hauteurs
de Satory. Il constatait « que la sévérité des mœurs n'existe
pas plus à Luz qu'à Paris « (cependant il était antérieur au
bon Dusaulx !), mais notait la dévotion à Notre-Dame de
Héas, dans un morceau irrévérencieux et bien connu :

> « Nul hermite n'est préposé
> A la garde du tabernacle....
> Mais le granit du seuil par les genoux usés
> Voit tous les ans se faire un assez grand miracle.

> Car la plus timide beauté
> Qui dans cette solennité,
> De pourpre la joue un peu teinte,
> Et le scapulaire au côté
> Trotte vers la demeure sainte
> En jupon de laine écourté..... etc.

Il aimait trouver la solitude au sommet des montagnes : « *Là, toutes les pièces du procès sous les yeux, je cherche à décider la fameuse et inutile question de la formation, de l'âge et des changements du globe, et je m'aperçois bientôt que la nature m'a formé plutôt pour jouir de tout ce que je vois, que pour deviner comment tout ce que je vois existe.* » Bien pensé, bien énoncé !

Tout le morceau de l'excursion à Gavarnie, sans avoir le grandiose qu'aura Ramond, est à lire : « Les environs de Bagnères sont charmants, la vallée de Campan mérite sans doute les éloges qu'on se plait à lui prodiguer. O combien Gavarnie est au-dessus de tout cela ! Combien on paierait cher à Paris un seul de ces effets bizarres et sublimes qu'on rencontre à chaque pas sur la route !... Le *chaos !* L'imagination ne peut rien concevoir de plus horrible et de plus beau, de plus triste et de plus imposant !... A Gavarnie, je me crus tout d'un coup jeté dans un désert à cent mille lieues de l'Europe, seul en un mot dans l'univers....

> « O d'un pouvoir terrible inexplicables jeux !
> O monts de Gavarnie ! ô redoutable enceinte !
> Sur vos flancs escarpés, sur vos remparts neigeux,
> De ce monde changeant la vieillesse est empreinte ;
> L'auteur seul à mes yeux s'obstine à se cacher.
> De ce vaste tombeau je ne puis m'arracher....
> Tout m'attriste et me plaît, tout m'annonce l'empire
> De l'éternel vieillard qui fuit sans s'arrêter. »

Quarante ans après, l'écho répond à Bertin :

> « O montagnes d'azur, ô pays adoré !
> Rocs de la Frazona, cirque du Marboré,

> Cascades qui tombez des neiges entraînées,
> Sources, gaves, ruisseaux, torrents des Pyrénées,
>
> Monts gelés et fleuris, trône de deux saisons,
> Dont le front est de glace et le pied de gazon,
> C'est là qu'il faut s'asseoir, c'est là qu'il faut entendre
> Les airs lointains d'un cor mélancolique et tendre.... »

Cet écho, c'est Alfred de Vigny (*Le Cor,* écrit à Pau, 1825). Mais l'idée de la trompe de chasse au milieu du cirque de Gavarnie a quelque chose de singulier !

Au petit livre de pyrénéisme voltairien, libéral et vif de M. Thiers, il faut opposer le petit livre de pyrénéisme royaliste, chrétien et solennel du comte de Marcellus, (qu'on pourrait appeler le grand-père de la Vénus de Milo, puisque nous la devons à son fils). L'auteur des *Cantates sacrées,* d'une traduction en vers des *Bucoliques,* et de la fameuse *Ode à l'ail,* a exercé sa veine poétique sur la montagne, dans un *Voyage dans les Pyrénées, par le comte de Marcellus (Marie-Louis-Auguste), pair de France. Dédié à S. A. R. Mgr le Duc de Bordeaux.* Paris, Didot, MDCCCXXVI, in-12 de 166 pages.

En prose, le comte de Marcellus écrit :

Au lac de Gaube : « *Nous trouvons une barque chétive, et un hardi nautonier qui nous offre de nous passer sur l'autre rive. Nous entreprenons cette navigation téméraire. Nos rames fendent cette onde orgueilleuse dont la naïade, dominatrice des monts et des rochers, s'étonnait de se voir maîtrisée comme les nymphes timides des rivières de nos plaines. Nous nous plaisions à nous représenter notre fragile nacelle planant sur les nuages, suspendue sur un abîme et élevée de mille toises au-dessus du vaste abîme des mers... »*

Au chaos de Gèdre : « *Tel le voyageur cherche en vain,*

*sur le bord de l'Ilissus et du Céphise, ces magnifiques Propylées, ces superbes portiques, si vantés dans l'antiquité : il n'y trouve que des débris....* Dans ces lieux *sauvages et lugubres nous ressemblions à ces habitants des enfers que le poète nous représente sans cesse menacés au bord du noir Tartare de la chute épouvantable d'un roc toujours prêt à fondre sur eux :* Quos supra atra silex jamjam lapsura... *Virg. Æneid. VI. 601.* »

A Gavarnie, devant la « Stazona » et le cirque : « *Ne sont-ce pas là les limites du Monde? N'est-ce point ici, plutôt qu'au détroit qui joint les deux mers, que l'invincible Alcide posa ses colonnes? N'est-ce point sous ces lourdes montagnes que gémit l'impie Encelade?* » (Le comte de Marcellus eut « l'audace » d'aller jusqu'à la cascade, « gravissant avec courage ».)

Sur le pic du Midi : « *Au milieu de tant d'objets merveilleux, accablés de la Magnificence du Très-Haut, il nous semblait n'être plus sur la Terre; nous croyions voir le Ciel s'ouvrir sur nos têtes, et les Chérubins, pénétrés d'une sainte frayeur, se voiler de leurs ailes devant le trône de l'Éternel. Nous aurions voulu chanter avec eux....* » Etc.

Tout ceci entremêlé de vers : il y en a sur tout, sur Coaraze, sur Lourdes, sur les cimes, et aussi une curieuse série sur les cours d'eau. Le Gave :

<blockquote>

« Ce fougueux torrent
Dévastant sa rive
Est l'image vive
D'un fier conquérant
Qui croit être grand
Pourvu qu'on le craigne...
Il pille, il ravage;
Partout sa fureur
Sème le carnage..... »

</blockquote>

Ceci est naturellement pour Buonaparte. A ce Gave-despote le comte de Marcellus oppose l'Adour-Louis XVIII :

> « Mais l'Adour est un roi vertueux, pacifique,
> Qui, fuyant des combats la splendeur chimérique,
> Sage dans ses conseils, libéral, généreux,
> Borne toute sa gloire à faire des heureux. »

On croirait voir couler la charte octroyée.
Et la Garonne ? la Garonne !

> « Fleuve majestueux, l'honneur des Pyrénées,
> Enfant de leurs plus hauts sommets,
> Ah ! quelle rivière eut jamais
> De plus brillantes destinées ?
> Sous le ciel le plus pur tu vas couler en paix...
> Tu vas baigner les murs d'Isaure,
> Et la Cité du Douze-Mars... !

*Si la Garonne avait voulu.... !*

Dans le genre des relations humoristiques, prose et vers, nous allons trouver à Bertin un très honorable successeur.

Les *Souvenirs des Pyrénées, par J. F. Samazeuilh, avocat,* Agen, imprimerie de Prosper Noubel, MDCCCXXVII, in-8, (et une suite en un autre volume, 1829) méritent une mention à part. C'est un livre aimable, spirituel, agréablement écrit en prose et vers libres. Samazeuilh mérite de ne pas être oublié.

Le tableau de Bagnères-de-Bigorre en 1826 est fort piquant. On y retrouve M. Jalon, « qui n'est pas la moindre curiosité de son musée », enthousiaste pour les montagnes, et original d'esprit, de traits et de costume ; — l'établissement de Frascati, « le Palais-Royal des Pyrénées », — l'Elysée-Cottin, les bains de Salut, l'énumération des diverses « beautés » les plus remarquées, des portraits satiriques. Grand choix d'anecdotes. La modiste de Bagnères qui se fait héberger par le curé de Sainte-Marie comme comtesse de Palanque. Le duel malheureux de Pinac, officier, « victime de l'honneur français », tué par un Anglais auquel il avait demandé raison d'une réflexion blessante à propos de la bataille de Toulouse. A Cauterets, un bon type de vieil officier, surnommé *le colonel S. N. D. D.* (il n'y a donc rien de nouveau sous le soleil! pas même le colonel *Crongnieugnieu!)* sur lequel les mots abondent, toujours émaillés comme il convient. « On raconte que M^{me} D. C. venait d'escalader la brèche de Roland. Et ce qui étonne le plus, dit le colonel, c'est qu'elle y est montée sans caleçon, S. N. D. D.! Le docteur m'apprit que pour cette ascension, M^{me} D. C. avait dû être précédée par un guide qui taillait des degrés dans la glace, et suivie d'un jeune homme dont les yeux surveillaient son ascension et qui l'aurait retenue si le pied lui eût manqué. — Vous m'en croirez, si vous voulez, dit un interlocuteur, mais si j'avais une femme, je n'aimerais pas la savoir ainsi sur la brèche, sans caleçon, avec d'autres que son mari! » (Rien de nouveau, ô *Miss Helyett!)* Et l'on se met ensuite à discuter déjà la grande question, toujours renouvelée depuis, de savoir si la chaîne des Pyrénées peut conserver de l'intérêt, quand il y a les Alpes. A quoi un jeune élève fait la réponse décisive : si les montagnes sont uniquement affaire de hauteur, le dédain pour les Pyrénées comparées aux Alpes, s'étend aux Alpes comparées au Chimborazo, et à celui-ci comparé à l'Himalaya, et enfin à l'Himalaya comparé aux montagnes de 22.000 toises de la planète Vénus. (Le sec Pasumot lui-même n'a-t-il pas dit que les Pyrénées ont une majesté qui leur est particulière, que Gavarnie est au-dessus des plus belles descriptions?)

Excellents morceaux sur les environs de Cauterets, le Pont d'Espagne. Nous retrouvons le vieux pêcheur du lac de Gaube, nommé Gaye, quatre-vingt-trois ans. « C'est de ces hauteurs qu'il a entendu le bruit bien amorti de nos révolutions. C'est là que les heureux du siècle l'ont visité. Il nous parlait avec plaisir de la princesse Poniatowska, de la belle et intrépide reine de Hollande, et de mille autres, qui depuis..... Mais alors ils étaient pleins de vie et de bonheur. »

Le tableau de l'arrivée à Luchon est typique : « Rien de plus singulier que le cortège qui se forme autour d'un voyageur à son entrée dans Luchon et qui l'escorte jusqu'à son hôtel. Dès l'allée des platanes une jeune et jolie blanchisseuse fut la première à nous suivre et à nous servir de guide. Bientôt survinrent des logeuses, des portefaix, des mendiants, des loueurs de chevaux, les filles des principaux hôtels, tous haussant la voix, tous demandant la préférence et prenant hâte de leurs offres comme si nous eussions appartenu au premier occupant. Il fallut fermer les portes de l'hôtel. » Très luchonnais, cet épisode de « pisteurs » !

Etc. Etc. On ne peut tout citer. Encore une fois, Samazeuilh, qui connaît bien son Ramond et son Saint-Amans, est lui-même à connaître, et ses *Souvenirs* sont de très gaies impressions de voyages, restées jeunes.

Pas grimpeur, Samazeuilh, par exemple. Il faut le voir monter du lac d'Oo au lac d'Espingo, par un léger *raccourci* que lui a fait prendre son guide Lafont-Trugué. Rien de moins vertigineux. Et cependant il s'écrie : « *Quelles fatigues ! quelle ascension ! quels dangers ! Aujourd'hui que les craintes de cette journée n'ont plus dans mes souvenirs la même violence, je me sens encore frémir en me les rappelant !* » Et il s'évertue, il embrasse la montagne pour ne pas tomber dans l'abîme (!!) Aussi, arrivé au lac d'Espingo, remplace-t-il sa visite au lac glacé par une citation de Ramond.

# SOUS LA RESTAURATION

(SUITE)

---

## VIII

### UN *GUIDE* EN 1825.

Nous retrouvons La Boulinière, devenu sous-préfet d'E-
tampes et chevalier de l'ordre royal de la Légion d'Honneur,
publiant son *Itinéraire descriptif et pittoresque des Hautes-
Pyrénées françaises*, Paris, Gide, 1825, 3 vol. in-8.

C'est un guide, le premier sérieusement fait que nous
possédions, infiniment supérieur à Picqué et Arnaud
Abadie, desquels on peut dire qu'ils n'existent pas.
Cependant les éléments, recueillis par l'auteur pendant son
séjour à Tarbes comme secrétaire général, datent de dix ou
quinze ans. Mais alors, la physionomie du pyrénéisme ne
se modifiait pas vite.

La Boulinière qui dédie son livre à Monseigneur le
Dauphin, appelle, à cause de la campagne d'Espagne, le
duc d'Angoulême « *nouvel Alcide, qui, par un prodige
que la véridique histoire empêchera de regarder comme
fabuleux, a terrassé, grâce à son génie, l'hydre des
révolutions* ». Ne jugeons pas La Boulinière sur ce début

ridicule : à part quelques poussées de style Empire et Restauration, il écrit simplement et clair.

Quant au fond, nous voici en possession d'un guide de douze cents pages sur les Pyrénées centrales, sur la « tournée des Pyrénées » de Pau à Luchon. Nous y trouverons tout, sauf les sommets, encore peu pratiqués. La Boulinière nous en avertit avec précaution; il ne se pressera pas de parler des pics : « *Quelque impatience qu'ait le voyageur de pénétrer dans les profondeurs austères des Pyrénées, et de s'élever sur leurs plus hautes sommités, je crois devoir, pour ménager ses propres jouissances, le retenir successivement aux pieds de ces monts augustes...* » Ce qui peut se traduire : les sommets abordés sont rares ; donc réservons-les pour les grandes occasions, pour l'effet final.

La Boulinière n'a pas la ressource de faire un guide des hautes régions en compilant : à l'époque où il écrit, il n'y a pas de livres de sommets à compiler. Il a sur sa table de travail, cela est visible, les deux volumes de Ramond (mais il n'a pas la relation du sommet du Mont-Perdu, qui n'a jamais été vulgarisée); il a la géognosie de Charpentier, qui vient de paraître ; il a Palassou et La Peyrouse, il a Dusaulx, Azaïs et le comte Orloff, il a Saint-Amans et Vaudreuil, il a Pasumot, il a Picqué et Arnaud Abadie, il a Dralet, il a son propre *Annuaire statistique* où il peut relire, pour la supprimer, son originale appréciation sur les dames de Tarbes; il a les poèmes de Lemierre, de Bertin, les *Règnes de la Nature* de Delille, *Les Pyrénées*, de Dureau de La Malle, *Les Pyrénées de La Bigorre*, poème d'Arnaud Abadie, *Les Eaux de Barèges*, de d'Etalleville; il a des ouvrages de géodésie et des mémoires sur les eaux thermales...

Mais si l'on ne met point les montagnes elles-mêmes dans douze cents pages de guide sur les Pyrénées, qu'y met-on?

Lisez le sous-titre : *Itinéraire... contenant, outre la description des lieux, l'histoire de ces diverses contrées et de leurs antiquités, un précis sur la population, l'agriculture, l'industrie, le commerce, un aperçu sur les mœurs, les coutumes, les sciences, les beaux-arts, la littérature et le langage.*

Ce que l'on met dans un pareil guide? Une bibliographie (La Boulinière constate que dans les derniers temps les écrits se sont multipliés), une préface, une introduction, une formidable introduction historique (cent trente pages! paraissez, Romains, Barbares, Vascons, Sarrasins, Cagots, Charlemagne, etc!), la description des villes, des vallées, des établissements thermaux, la comparaison des Pyrénées aux Alpes, la météorologie, les bêtes à cornes, les bêtes à laine, même le laitage, le beurre et le fromage, la chasse à l'ours, la chasse au loup, la chasse à l'izard, la chasse aux palombes, le précis historique de la vicomté de Béarn avec la généalogie des princes (cent pages), l'historique du comté de Bigorre, l'historique des quatre vallées, l'historique du comté de Comminges, les inscriptions romaines, les crétins et les goîtreux, le haras de Pau, les poésies de Despourrins, · les manufactures, le roulage, les foires et marchés, les mœurs, les pèlerinages de Bétharram et de Héas...

Cette profusion et cette variété de détails, d'ailleurs, ont toujours plu au grand public, qui n'est point tant que cela émoustillé par les pics! Et depuis Ramond, encore une fois, le répertoire des pics s'était peu étendu.

Mais n'exagérons rien : le livre de La Boulinière nous avance dans la connaissance des Pyrénées et nous rapproche partout de la haute chaîne. Il nous donne les trois ascensions Delfau, d'Angosse et d'Augerot au pic d'Ossau. Nous savons avec lui que dans l'extrême fond d'Ossau, il y a un *lac d'Artouste*. La Boulinière ignore encore que le pic de

Ger a été gravi. Mais si des Eaux-Chaudes et des Eaux-Bonnes, stations fréquentées chacune annuellement par trois cents baigneurs, nous passons par le col de Tortes, — course pénible — dans la vallée d'Azun et que nous poussions dans celle-ci au delà du *lac de Suyen*, nous voyons que cette vallée se termine par des pics de premier ordre, parmi lesquels *le Somseube, qui selon l'adjudant-général Juncker, a 1607 toises* (3.132 mètres).

Le Somseube, Som de Séoube, c'est ici le Balaïtous. Junker et les officiers géodésiens de 1786-90 l'avaient connu et mesuré, et, l'année même où La Boulinière le citait, les officiers géodésiens de 1825 devaient le monter !

Il est curieux que La Boulinière ait connu l'existence et les travaux de Junker, si inconnus ! Mais vraisemblablement, comme secrétaire-général à Tarbes, il avait eu entre les mains quelque mémoire ou quelque carte avec cotes, sur la délimitation franco-espagnole. Junker et les officiers de la Commission avaient beaucoup pratiqué et connaissaient à fond, non seulement la haute chaîne frontière, mais aussi les montagnes espagnoles depuis l'Océan jusqu'à *Las Tres Sorores* (le Mont-Perdu), en passant par la *Peña Collarada*, la *Tendenera*, etc......

Autre remarque curieuse à propos du « Somseube » : la variation des noms à travers les auteurs et le temps. Un exemple : prenez ce fragment de la haute chaîne, la suite des pics actuellement nommés : Arriel, Courouaous, Pallas, Balaïtous, Cristail, Cambalès, Fache. *Aucun* de ces noms n'apparaîtra dans les textes anciens, (aucun ne sera encore dans le Chausenque de 1854).

Mais (suivez bien !) les officiers de 1786 nous donneront le Saldiécho (Arriel), le Sommet d'Artouste (Pallas), le Somma de Soube (Balaïtous). Le pic de Badescure, d'abord distinct du Costerillou, finira par être le même, et le Costerillou sera le Cristail. Le Som de Séoube après avoir été le Balaïtous, sera quelquefois le pic d'Arriel, lequel redeviendra sur les cartes de la fin du xix$^e$ siècle le Saldiécho, pendant que le Barétous (improprement orthographié, d'ailleurs) fera double emploi chez Chausenque avec le Som de Séoube (une sorte de Balaïtous bis), jusqu'à ce que, ex-Som de Séoube, il soit Bat-Létouse, ou Murmuré, à moins qu'il ne s'écrive autrement; de même que le ci-devant Sommet d'Artouste, devenu la Cuje-la-Palas, quelquefois l'Arrieugrand, puis le Pallas, sera aussi le Mourrous. Il y aura des Arrieugrands provisoires, des Pênes d'Aragon indécises, et des Arrious variables. Plaisant gâchis ! Aujourd'hui pourtant tout s'est fixé.

Revenons à La Boulinière.

La vallée du Gave de Pau lui fournit un volume : c'est la terre classique, même avant Ramond. A Cauterets, il ne manque pas de citer le fameux morceau de l'inondation de « Caulderès », d'après Marguerite de Navarre, et la jolie lettre de Voisenon à Favart, du 18 juin 1761 : « Mon cher neveu brûle-gueule, je suis arrivé hier en bonne santé ; j'ai mal dormi, parce que la maison où je loge est sur un torrent qui fait un bruit affreux ; j'espère que je m'y accoutumerai. Ce pays-ci ressemble à l'enfer comme si on était, excepté pourtant que l'on y meurt de froid. On y est écrasé par des montagnes qui se confondent avec le ciel ; on y voit de la neige sur la cime ; plus bas sont des fumées qui ressemblent aux fours à plâtre de Belleville. De tous côtés se trouvent des espèces de rochers énormes, qui ne tiennent à rien.... On voit de petits espaces, où sont bâties de petites cabanes. Les montagnards sont vêtus couleur de suie, une grosse toque de la même couleur que leur habit ; leur visage paraît brûlé ; on croit réellement être avec les sujets de M. Belzébuth. Les femmes y ont des coqueluchons rouges.... Comme elles sont très curieuses, elles s'assemblent, elles s'attroupent, l'on dirait que ce sont autant de religieuses qui viennent savoir ce dont il s'agit dans le monde.... Nous laissâmes nos équipages à trois lieues d'ici, et des baragouineurs, à la mine démoniaque, nous portèrent sur des chaises de pailles. Les miens allaient très vite, à cause de la légèreté de ma personne. Ils veulent me porter un jour sur le haut d'une montagne pour me faire tuer un ours et une biche... »

La fameuse chaise à porteurs de Cauterets était un simple siège de paille établi sur deux brancards, et recouvert d'une toile cirée soutenue par deux cerceaux. Des relais de vigoureux porteurs, pieds nus ou en espadrilles (esparteilles, alpargates) couraient plutôt qu'ils ne marchaient. « Nos porteurs étaient des chèvres plutôt que des hommes », dit encore Voisenon, retour du lac de Gaube, «ils descendaient des endroits si escarpés que si je ne m'étais pas cramponné contre ma chaise, je serais tombé vingt fois dans des abîmes ; je n'ai pas été effrayé un instant..... »

A Cauterets, il y a un nouveau pic, que La Boulinière nous signale ; il est le baromètre de la contrée, tour à tour l'ange tutélaire ou le démon exterminateur de ce séjour tantôt doux, calme, ravissant, tantôt sombre, affreux, terrible. Les curieux en visitent les approches, et s'élèvent quelquefois jusqu'à sa sommité. C'est le Monné.

Cauterets est le théâtre de l'exploit montagnard de La Boulinière : en 1805, nous l'avons vu, il avait monté le petit Vignemale. Il décrit remarquablement l'aspect du sommet du Vignemale (nous avons cité plus haut ce fragment).

A cette époque, on ne dit pas *monter* un pic, on dit *gravir sur*. On gravit donc sur la brèche de Roland, on gravit sur le Piméné (ici, La Boulinière en est toujours aux appellations de Ramond : *la Furchetta, l'Astazona*), on gravit sur le pic de Bergons. A Barèges, on gravit sur la Piquette, le paradis des botanistes. La Boulinière, en 1807, avait gravi sur le pic du Midi et mangé le *rosbeef* avec lord Elgin (des marbres du Parthénon) et sa séduisante épouse.

Bagnères de Bigorre, alors dans sa splendeur, demeure toujours un riche sujet pour l'auteur d'un guide.

Ici encore un nouveau sommet est conquis : le pic d'Arbizon, « que l'on pourrait prendre par Paillole en tournant à la fin le sommet, inaccessible par le Nord, mais qu'il vaut mieux aborder par la gorge d'Aulon et les pentes méridionales. » Du sommet, l'on peut contempler « sous l'aspect le plus fantastique » les vallées d'Aure et de Campan, les Hautes-Pyrénées, les hauteurs d'Aure, de Clarbide, les Montagnes-Maudites. Au Midi, la vue se repose naturellement sur cette énorme et éclatante masse du Néouvielle, constamment couverte de glaciers et d'amas de neige, qu'une crête extrêmement diversifiée par ses petits pics et ses ciselures lie au point capital d'observation. A droite, paraît une cannelure rétrécie, bordée de grandes hauteurs, c'est la vallée de Barèges. Plus à droite, le dominateur de tous les monts du premier plan : le pic du Midi...

## IX.

### LA BOULINIÈRE DANS LA VALLÉE D'AURE.

Avec le pic d'Arbizon commence ce qui dans La Boulinière est vraiment nouveau comme description et nomenclature ; toute une tranche des Pyrénées révélée, trait d'union entre les régions balnéaires du Gave de Pau et de Luchon : c'est la vallée d'Aure, toujours négligée parce qu'elle n'a pas une station thermale pour base d'opérations, et un Vignemale, un Marboré ou une Maladetta pour aboutissant.

Nous saurons, désormais, que tout au fond de l'embranchement de Louron, il y a un « grand lac de Clarbide ou gourgue de Cailhaouas », un petit lac ou gourguette de Pouchergues, un lac d'Aigues-Tortes. Dans la vallée d'Aure même, nous connaîtrons villages, vallées, passages : Cadéac, Ancizan, Guchen, la Serre-d'Azet pour passer en Louron, Vielle, Saint-Lary, Tramesaygues ; le val de Riou-Majou décrit en détail (La Boulinière est ici le digne et remarquable prédécesseur de Joanne), pics d'Arré, gorges de Barricau et de Péguère, vallon de Frédérancou, hospice, pic de Batoua ; ports de Cavarrère, Deplan (*sic*), d'Ourdissetou, où, en 1810 et 1812, l'Empereur faisait étudier le passage d'une grande route pour l'Espagne ; val et port de Moudang ; Castets, Aragnouet, val de Saux et port très fréquenté de Vielsa ; village et pic de Plan, val de l'Agéla (*sic*), lac de ce nom, pic de Barroude et port de Barroussetta (de Barroça, de Barroude) ; gorge Badet et passage à Héas par le col des Aiguillous ou à Gèdre par le port de Cambieil.

Enfin, une des merveilles pyrénéennes, la gorge de Couplan et la région Est du Néouvielle.

Ici, nous n'avons pas seulement une froide énumération de guide, mais une description en action, un récit d'ascension, à la fois de sensations personnelles et de description colorée, comme on les aime avec raison aujourd'hui. C'est un des rares récits de grande course que nous ait laissés l'histoire ancienne pyrénéiste ; il est beau, et complète dignement le morceau de la vallée d'Aure. C'est le passage de la vallée d'Aure à Saint-Sauveur par la région difficile et compliquée du Néouvielle. Cette course datait du 26 juillet 1812.

Parti d'Aragnouet avec le maire de cette commune et le pêcheur Jean Picacette, La Boulinière passe à Castets, remonte la gorge de Couplan, admire la grande cascade :

« Ses eaux blanchissantes, l'auréole diaprée et mobile qui
l'accompagne, le sombre feuillage des sapins, la fraîche
verdure des plantes et des arbres voisins toujours humectés
par une rosée abondante, l'aspect sauvage de tous les objets
environnants, concourent à répandre un charme inexpri-
mable sur cette scène; ô le beau Vernet! pourrait-on dire,
à l'exemple des élèves du célèbre Vien, visitant avec lui,
près de Rome, la superbe cascade de Tivoli ». (Le mot avait
été déjà cité par Dusaulx). Il laisse à droite « l'oule de
Vielle ». et arrive au vaste lac Camon (d'Orrédon) dont le
déversoir pouvait se manœuvrer avec des vannes, ce qui
permettait autrefois de forcer le débit et de faire flotter
dans la Neste les bois de grande mâture. (Il était décidément
dans la destinée du lac d'Orrédon d'être un lac machiné!)
« Je ne me serais pas lassé de contempler ce site imposant
et sévère, dont rien ne trouble la tranquille solitude, si
ce n'est, dans la belle saison, le bêlement des brebis,
l'aboiement de leurs fidèles gardiens et les cris du berger.
Mais il était neuf heures. Nous laissâmes là nos chevaux
et montant au Nord-Ouest un ressaut très élevé, nous
dominâmes bientôt ce lac qui, vu de cette hauteur, présente
le spectacle d'un vaste tapis de velours vert entouré d'une
large bordure couleur de topaze orientale, effet aussi réel
qu'admirable. »

Il laisse sur sa gauche « la gorge de Cap-Long, qui va
expirer au pied méridional du Néouvielle, et dans laquelle
est le lac de ce nom, de quarante hectares. Sa forme est celle
d'un croissant : les sommités qui le dominent n'offrent que
des flancs déchirés et tombant en ruines. Le versant qui
regarde le Nord est couvert de neiges, celui qui lui est
opposé laisse végéter avec peine quelques arbres noueux
et difformes, tristes restes d'une belle forêt de pins. L'on
peut franchir au Nord la crête qui sépare cette gorge peu
connue et comme perdue dans le dédale de ces monts,

de celle où se voient les lacs supérieurs du versant d'Aure. »

C'est vers ces lacs que La Boulinière se dirigeait, « à travers une forêt ardue de pins, d'où s'exhale une odeur désagréable de résine et d'acide formique. »

Au-dessus des laquets, se présente le lac d'Overt (*sic*), un croissant de trente-six hectares, embrassant à l'Ouest une des assises du Néouvielle, d'où roulent d'énormes débris granitiques. Un quart d'heure au-dessus, le lac d'Omar (*sic*), « au milieu de vastes gazons, dont le vert clair et uniforme fait ressortir le vert plus foncé des pins droits et vigoureux qui sont épars sur ses bords. Il est ovale, étranglé par deux pointes de terre. »

Entre les deux lacs, une espèce d'isthme, petit monticule isolé, où on jouit de la plus belle perspective, entouré d'une enceinte majestueuse, en foulant les débris que le temps a amoncelés au détriment des cimes. Au Sud-Est, les monts glacés de Bugatet et de pic Méchant; en face, les oules immenses remplies de blocs de granit, et les crêtes de Néouvielle. « C'est là que mes compagnons et moi prîmes quelque repos, et qu'assis sur le roc, à l'abri de l'ardeur du soleil, respirant avec délices l'air vivifiant de cette haute région, je ne pouvais me rassasier de la contemplation du magnifique et ravissant spectacle sur lequel se promenaient mes avides regards. Que cette vaste solitude, où le pâtre et ses troupeaux peuvent errer en toute liberté, est belle et imposante ! *Comme la nature y parlait à mes sens et à mon cœur, par son silence même et par le majestueux aspect des formes contrastantes et variées qu'elle y a revêtues !* »

A la bonne heure ! voilà qui est parler en pyrénéiste visiblement exalté par le soleil et la couleur des Pyrénées !

La Boulinière s'étant séparé du maire d'Aragnouet, repart avec son pêcheur pour passer à Barèges par le

col d'Aure, ou d'Aubert ; il ressent, sur un déjeûner
« copieux », cette admirable intoxication de la lumière
pyrénéenne. « Il n'était que midi ; le soleil, du plus haut
de sa course diurne, versait des flots de lumière sur
tous ces monts, dont les reflets parvenaient jusqu'à nous,
à travers une atmosphère de la plus grande pureté et
qui nous transmettait sans altération, sans illusion d'optique,
leurs diverses formes et configurations ; l'horizon était
sans nuages, sans vapeurs, et les beaux glaciers de
Néouvielle avaient l'éclat le plus éblouissant ; il me semblait
les toucher... »

Ce morceau est saturé de lumière et de chaleur ! On y
sent l'excitation. Et, en effet, tout à coup, la pensée vient
à La Boulinière de mettre à profit un si beau jour et de
« gravir » sur cette sommité de Néouvielle qui s'offrait sous
un aspect si séduisant ; il propose l'ascension à « son
camarade », et les voilà partant « remplis l'un et l'autre de
cet enthousiasme qui naît et se propage si vite dans les
régions éthérées. »

Ils firent trois heures d'escalade. La Boulinière fit une
mauvaise chute et pensa se tuer, son bâton ferré le sauva.
Ils s'avancèrent « de crête en crête, à travers les fissures
des rochers, les ravins, les glaciers » jusqu'à l'une des
hauteurs secondaires, « ayant à peu de distance, au Sud-
Sud-Ouest, la grande sommité avec ses vastes champs de
neige. » Ils ne purent aller plus avant et s'assirent
tristement sur une corniche de granit.

Ici le moment de la réaction est venu. Comme cela
est nature ! Le soleil a baissé, l'excitation est passée ;
l'ascension est manquée, dans une région où il ne faut pas
s'égarer ! Et voici le morceau de l'ascensionniste en mauvaise
situation.

« A droite et à gauche, des précipices à pic. Quelle roche
Tarpéienne pour celui qui n'aurait pas l'œil bon, la tête

ferme et le pied sûr !... Je sens mes forces défaillir à l'aspect des plus profonds abîmes que mon œil ait encore contemplés. Je n'éprouvai jamais pareil effet. Le souvenir de ma chute m'obsède. Eh quoi, je deviens accessible à la crainte ? Mais que vois-je ! De tous côtés des pics désolés, des crêtes en ruines, le sol entièrement couvert de débris de montagnes. L'œil s'égare sur un désert où tout est immobile, silencieux et sans vie.... Et quel serait mon refuge, si, comme il arrive fréquemment, un simple brouillard venait à envelopper ces monts, je ne dis pas pour quelques jours, mais pour une nuit, une soirée, une couple d'heures seulement ? O Divinité, je t'invoque ! et vous aussi, objets si chers à ma tendresse, dont la pensée vient m'assaillir.

» Il est trois heures, en voilà douze de marche, je tombe d'inanition ; la neige glacée que je dévorais en marchant, loin d'étancher ma soif, semble l'avoir accrue. »

Pas d'autres provisions qu'un peu de chocolat et du pain. Un peu réconforté par ce précieux secours et reprenant ses sens, La Boulinière note le panorama : le Néouvielle « et sa sommité occidentale, atteinte en 1787 par Vidal et Reboul » lui cachaient le Sud. A l'Est, il voyait les lacs de la gorge de Couplan ; à l'Ouest, sous ses pieds, « une demi-douzaine de petits lacs, encore en partie glacés et ceints d'une large bande de bleu d'azur contrastant admirablement avec le blanc des neiges et le noir reflet des eaux du centre », et les « chaînes secondaires qui séparent les gorges d'Escouboux et de Betpouey de celle de Lienz ».

Par où revenir ? grande perplexité. Il fallut d'abord refaire une partie du périlleux trajet d'arrivée, puis, se coulant dans une étroite brèche, La Boulinière passe sur le versant Ouest, et à travers « un labyrinthe de lacs sur la glace desquels il fallut plusieurs fois patiner », arrive aux pâturages tant désirés et, en homme de son temps, cite avec joie des vers de Chénedollé :

> L'homme seul, perdu sur ces hauteurs immenses,
> Sans ombrage, sans bruit, sans herbes, sans semences,
> Redemande bientôt les êtres animés.
> Ciel ! quel riant tableau pour mes regards charmés
> Quand je revis enfin, de la rouge bruyère
> Sortir du sein des rocs la tige prisonnière !.....

En quatre heures de descente, par la gorge solitaire de Betpouey, La Boulinière et son compagnon arrivèrent à Saint-Sauveur, ayant fait une course admirable et traversé peut-être (le texte n'est pas assez précis pour qu'on en puisse être certain) la crête du Néouvielle par une brèche alors anonyme, aujourd'hui connue et nommée : bref ayant peut-être passé la « brèche de Chausenque » trente-cinq ans avant Chausenque (??).

La Boulinière, l'inventeur de la vallée d'Aure, a bien mérité des Pyrénées.

Il est moins chez lui, visiblement, dans la région de Luchon qu'il fait, non *de visu*, mais certainement à coups de citations de Ramond et de cotes de hauteur empruntées à l'ouvrage, alors tout récent, de Charpentier.

Cependant c'est lui qui — sans l'avoir vue peut-être — nous montre la vallée du Lys « si digne par son caractère pastoral et la suavité de ses abris champêtres, d'inspirer des chants tels que ceux de Théocrite, de Virgile ou de Gessner », lui qui nous montre la cascade d'Enfer et la cascade de Cœur, et le glacier de Crabioules, et le petit pic de Montarrouye, peut-être monté par Charpentier, et le Quairat et la Tusse de Malpas, vaincus cette même année 1825.

Il les montre, parce que le guide de La Boulinière est accompagné de lithographies, assez primitives, signées *A^te de Saint-Aignan* et imprimées par Engelmann.

# SOUS LA RESTAURATION

(SUITE)

## X.

### LA MORT DE BARRAU.

A l'article de la Maladetta, le livre de La Boulinière donne pour la première fois le récit — stéréotypé depuis — de la mort de Barrau.

Nous avons déjà rencontré Barrau, le vieux Barrau; il était le « guide de sommets » de Luchon, dans le temps où il n'y avait pas de sommets. Puis il était devenu le guide à la Maladetta (non au Néthou), à la crête d'abord, puis à la cime (ou bien près) avec Parrot.

Arbanère, toujours mécontent des guides, dit avoir été égaré par lui, en 1823, entre Viella et la vallée d'Artigue-Tellin, et il récrimine contre l'ignorance et la présomption de Pierre Barrau.

L'année suivante, le 11 août 1824, Barrau conduisait au pic de la Maladetta deux élèves ingénieurs, Blavier et de Billy. Barrau, qui craignait les chutes de pierres, parlait avec confiance des crevasses. A quatre-vingts mètres du sommet, à dix heures du matin, il fallut passer comme d'habitude la rimaye, la bergschrund : les deux voyageurs regardèrent dans la profondeur, qui leur parut horrible. On ne savait encore ce que c'était que de s'attacher. Le guide fit appuyer à gauche pour chercher un pont de neige. « Nous pouvons passer ici » dit-il. Blavier sonde avec son bâton, la neige cède, il se jette vivement en arrière. Quarante pas plus loin, Barrau sonde, et trouve de la résistance. Il fait un pas en avant, et disparaît aux yeux des deux jeunes gens terrifiés. Ils l'entendirent crier : « Je suis perdu, j'enfonce! » Puis, plus rien. Un des touristes descendit chercher le fils de Barrau qui gardait les chevaux au plan des Étangs et avait un peu de corde. Vains efforts : il fallut revenir à l'hospice à six heures du soir. Les deux autres fils de Barrau et des guides y arrivèrent de Luchon dans la nuit. Sous la conduite du plus jeune ils montèrent à la Maladetta. Les recherches pour retrouver le corps de leur père furent vaines.

Non! rien ne peut donner l'idée de l'impression que produisit aux Pyrénées la mort de Barrau! Plus que celle de cent hommes dans les Alpes! Là, telle montagne a son cimetière, les catastrophes sont fréquentes, on voit couramment périr guides et voyageurs ; *ils y sont habitués,* disent nos méridionaux (*soun accoustumats!*). Mais un pyrénéen, un luchonnais! Et juste en face du port de Vénasque, de sorte que chaque guide, à chaque course, disait en étendant le bras : *Il est là, Barrau! Il est là, le pauvre Barrau!*

La Maladetta, déjà terrifiante par son nom, fut dès lors considérée comme inaccessible, fatale, épouvantable : une goule! avec une auréole de sang!

Son prestige se réfléta sur Luchon, dont elle prépara l'hégémonie.

De longtemps personne ne se risqua plus à aborder la mangeuse d'hommes !

On a parlé, cependant en 1827, d'une tentative d'Arbanère....

## XI.

### ARBANÈRE.

Tel mamelon, insignifiant par lui-même, peut prendre de l'importance comme frontière. Le livre d'Arbanère a ce genre d'intérêt : il est un point de partage, un *rein*, comme on disait au temps d'Arbanère. C'est le dernier livre en style du commencement du siècle; c'est le premier livre pittoresque sur l'ensemble des Pyrénées.

Arbanère, qui avait voyagé dans les Alpes, fut un des premiers fidèles des Pyrénées. On le trouve en 1806 dans la région de Gavarnie, en 1811 dans la région de Luchon, en 1820 au Mont-Perdu; en 1823 il est le compagnon de voyage de Chausenque dans les Pyrénées orientales, de Perpignan à Luchon; en 1827 nous le retrouvons encore dans la région de Luchon, etc.

Il a donc publié un *Tableau des Pyrénées françaises, contenant une description complète de cette chaîne, depuis la Méditerranée jusqu'à l'Océan..., accompagnée d'observations.... et d'une esquisse des différentes classes d'étrangers qui visitent les établissements thermaux du pays, par M. Arbanère, chevalier de la Légion d'Honneur.* Paris, Treuttel et Wurtz, 1828, 2 vol. in-8.

Le titre du livre est alléchant; ceux des chapitres sont pleins de promesses : Roussillon, Canigou, Cerdagne, Ariège, le Saint-Barthélemy, mines de Vicdessos, vallée du Sallat, Luchon, vallée d'Aran, montagne d'Oo, Maladetta,

vallées de Louron et d'Aure, Bagnères, Barèges, pic du
Midi, Néouvielle, Saint-Sauveur, Cauterets, le Vignemale,
Gavarnie, le Mont-Perdu, vallées d'Ossau, d'Aspe, de
Barétous, de Baïgorry, pays basque, Cambo, la Rhune....
Toute la lyre !

Et une belle typographie de Didot. Nous avons évidemment affaire ici à un livre d'importance.

Hélas, ce beau fruit est un fruit creux. Peu de substance
dedans !

Un seul exemple : le chapitre des vallées de Louron et
d'Aure. C'est un vaste programme si l'on veut monter
jusqu'aux grands pics de Clarabide et jusqu'à ce que
Ramond appelait « les âpres sommets où serpente la route
du port de Bielsa ». Pour Arbanère, les vallées de Louron
et d'Aure, c'est... Arreau, avec excursion descendante, sur
Labarthe-de-Neste !

Arbanère n'a aucune manière personnelle, et la chimie
de son livre saute aux yeux : c'est un combiné de Ramond,
de Saint-Amans (qu'Arbanère a personnellement connu), de
Dusaulx et d'Azaïs.

De Ramond, l'itinéraire, — moins la Tuquerouye, — les
vastes panoramas géologiques, l'introduction des chapitres-
repos, comme le passage des Carthaginois, les révolutions
du globe, et l'étonnant chapitre sur la *classification des
paysages* (paysages géologique, lyrique, volcanique, polaire,
agricole, etc). Sans parler du non moins étonnant épisode
de Rodolphe, ardent et sensible, et de la belle et coupable
Elvire; ou les consolations de la nature !!

De Saint-Amans, des efforts pour être aimable. Malheureusement Arbanère, de Cette, maire de Tonneins, est
de sa province. Ses portraits de jolies étrangères (il est fort
occupé des femmes) font sourire: M^me J*** de Paris, et
M^me R*** de Toulouse, eussent été à d'autres époques des
Aspasies, des Ninons; M^me R*** rappelle les bayadères de

l'Inde, les houris de l'Opéra ; M^me S***, encore belle, rappelle les ruines de Palmyre, etc. Arbanère est scandalisé parce que les élégants promeneurs du boulevard de Gand, arrivés à Cauterets, se promènent en béret, en ceinture rouge et avec un bâton ferré. « *Ce n'est qu'une mascarade, et la marche maniérée de ces nouveaux Ramonds trahit leur faiblesse,* » clame ce provincial.

Dusaulx ne désavouerait pas ce morceau à l'antique : Abanère conduit deux jeunes femmes au lac d'Espingo, au-dessus du lac d'Oo, et les fait réchauffer dans une cabane : aussitôt, s'adressant aux bergers : « *Et vous, faunes et sylvains de ces montagnes* (!) *dites si le minois de vos nymphes sauvages* (!) *est plus joli, leur taille plus élancée et plus souple que celle de la brillante Suzanne Vonh... ; si elles ont la grâce de Cécile M...! soutenez de vos mains galantes et protectrices* (!) *leurs pieds délicats..... Sans doute, vous les chanterez longtemps sur vos rustiques chalumeaux!* » (!!).

Azaïs approuverait ces exclamations : « *Le ciel le plus pur luit sur ma tête! Mes regards planent d'une manière souveraine! Un vent impétueux semble prêt à précipiter le sommet* (du Saint-Barthélemy) *dans l'abîme. Mais je souris à ses efforts impuissants et j'écris sur ce trône aérien, calme et tranquille comme dans mon cabinet, entouré de mes pénates bienveillants...* »

Est-ce de l'Azaïs ou de l'Henri Monnier ? M. Prudhomme ne va-t-il pas venir bientôt ?

Arbanère sur le bateau du lac de Gaube, — il est fort mal à l'aise, si on chavirait! « *Mais aussi confiant que César, je fus aussi heureux* ».

Arbanère partant pour le Mont-Perdu. Depuis qu'il est marié, depuis qu'il est *époux et père*, il ne fait plus d'ascensions (en a-t-il jamais fait?), il connaît ses nouvelles responsabilités et se doit à sa famille. Mais enfin, le Mont-

Perdu l'attire ; un besoin *inextinguible* anime cet homme
sensible, ses antécédents lui font *une loi impérieuse,
immuable,* de monter le Mont-Perdu ; de *longs désirs
comprimés* ont rendu ce projet *le premier besoin de son
âme ;* le temps est mauvais, mais Arbanère ne prend
conseil que *de cette audace désespérée qui s'indigne des
obstacles.* Il confie à son vieil ami Antoine Mouré (le guide
de Ramond) sa jeune épouse. « *Je la pressai, éploré, sur
mon sein. Ah ! ne m'attendris pas, lui dis-je, j'ai besoin
de toutes mes forces. Les motifs les plus chers me
commandent la prudence. Je l'observerai religieusement,
pour toi, pour nos enfants. Enfin, je traversai le Gave.
Elle me suivit longtemps des yeux, immobile. Des
premiers échelons de la corniche, ma main lui adressa
encore quelques signes qui pouvaient être, hélas ! les
derniers. Cette lugubre pensée d'une séparation éternelle
assombrissait encore à mes yeux cette nature sinistre, et
mon ascension silencieuse semblait alors plutôt l'effet
d'une condamnation qu'un élan vers de grandes choses... »*

Ce départ — en sujet pour fond d'assiettes de Montereau
— n'est pas très montagnard. Arbanère est, en matière de
sommets, fort suspect. Il raconte son ascension au pic du
Midi d'Ossau comme s'il ne l'avait pas faite.....

Et dans le détail, que de *vallons de l'Arcadie,* de *rives
du Pénée,* et de *zoïles de la nature !*

Arrêtons cet *Arbanériana.*


Et pourtant, Étienne-Gabriel Arbanère ne fut point tout à
fait quelconque : il fut de l'Institut (Sciences morales et
politiques, membre correspondant, en 1836) et de la Société
royale asiatique de Londres. Il publia plus tard des
*Études sur l'Histoire universelle,* beaux volumes de Didot
(Arbanère aimait décidément la belle typographie, il faut
lui en savoir gré) et un recueil de poésies. Son livre sur les

Pyrénées, souvent ridicule, point ennuyeux, parce que son
ridicule, comme celui de Dusaulx ou d'Azaïs, est intéressant
— c'est le ridicule d'un temps, aussi curieux rétrospectivement que le ridicule des modes — et où se voit le désir
de *peindre*, de faire des *tableaux*, d'émouvoir, de s'égaler
par des phrases à la grandeur de la nature ; ce livre a une
particularité qui le rend précieux dans l'histoire pyrénéiste :

Arbanère a parlé des fameuses vallées espagnoles !

Il a vu, d'en haut, la vallée d'Ordessa dès 1806. Il lui
consacre deux pages.

Son récit du Mont-Perdu, à part le motif de pendule du
début, est, après tout, un morceau complet de composition,
et digne d'un écrivain pyrénéiste de la fin du xixe siècle.
La montée vers la fausse brèche, le Taillon et la brèche, le
débouché sur l'Espagne par le brouillard, la pluie sur le
revers Sud, la réapparition du soleil couchant éclairant le
Mont-Perdu : *Je ris sa tête auguste !* (ô Dusaulx !), la
grossière soupe de berger, la nuit dans la cabane enfumée,
l'émotion composée de plaisir et de terreur, la marche vers
la tour de Gaulis, la difficile montée des terrasses, le
magnifique spectacle du sommet, et, à quatre cents toises
sous les pieds, le lac, *sombre comme l'Averne* (ô Dusaulx !
Dusaulx !) qui deux fois arrêta les pas de Ramond, le vaste
tapis de verdure du fond de la vallée d'Ordessa, qui par
une illusion habituelle dans les montagnes, paraît de gazon
ras et nivelé, tandis qu'il est une forêt de sapins séculaires
(pas en entier), la descente sur Gaulis, enfin le retour par
la vallée de Niscle, le col de Niscle, et la vallée et le port
de Pinède, tout ceci est un récit de sommets soutenu.

Enfin, Arbanère a, le premier, parcouru et décrit la
vallée de Malibierne, cette vallée célèbre depuis, dont
Charles Packe disait que ceux qui l'avaient connue pouvaient
se compter sur les doigts d'une seule main. C'est chiffrer
un peu juste, mais pas beaucoup. Enfin, de cette main,

Arbanère est le premier doigt. En 1827, après avoir passé le port d'Oo (quatrième récit de cette course classique), il avait eu la velléité d'essayer le Néthou, mais pas par le Nord : jeune homme, le danger du glacier eût été un attrait (hem!) ; époux et père, des intérêts chers et de nouveaux devoirs lui prescrivaient une autre route. Il essaya donc du revers Sud, partant de Vénasque, avec un guide espagnol. Et voici l'état civil de la vallée de Malibierne :

« La vallée de Balibierno est sauvage comme le premier âge des Pyrénées. Elle s'épanche dans la vallée de Vénasque par un brusque ressaut de blocs de granit et de pins au port bizarre et tortueux. Le reste de la vallée est d'accord avec son début. Les deux rives vont par une seule pente brusque au gave. La montagne de la rive droite est dans un état affreux de destruction. La rive gauche est mieux conservée. Le feu a dévoré l'année dernière une partie de la forêt qui la couvrait, et l'on voit encore debout des masses de sapins desséchés et rougis.... » etc.

On coucha dans le fond de Malibierne, près d'un feu, sous le ciel étoilé.

Le lendemain, au dire d'Arbanère, il prit la dernière vallée de la région, faisant route d'abord comme pour passer à Castanèze; il franchit le gave, vit un lac et se mit à ascensionner vers les créneaux des Monts-Maudits, traversa des champs de neige et gravit un ressaut, parvint sur la crête, qui était à la lisière d'un tapis de neige, qui montait par une pente facile aux rochers de la crête, dans laquelle se trouvaient deux brèches. Arrivé à celle de gauche, Arbanère vit qu'il ne voyait rien. D'autres crêtes interposées cachaient la Maladetta et le Néthou. Une autre brèche paraissait mieux située, mais il ne put l'atteindre : *les crampons, les bâtons ferrés nous avaient paru inutiles et étaient restés auprès de notre foyer nocturne. Sans leur secours, l'escalade devenait impossible. J'y renonçai sans regrets, je n'espérais pas beaucoup de documents de la contemplation sur le faîte !*

Quand on vous raconte qu'on est parti pour la première ascension du Nèthou en commençant par laisser les crampons et les bâtons ferrés, il faut laisser le récit....

Arbanère a dû faire simplement une promenade pastorale dans le fond Est de Malibierne, poussant peut-être une pointe dans la direction des cols que le comte Russell a nommés depuis col de Malibierne et col des Bouquetins.

Tout cela est, pour toujours, problématique. (Après tout, saurons-nous jamais au juste où a abouti Ramond sur la Maladetta?) Mais Arbanère est plus que sujet à caution.

C'est pourtant par cette soi-disant « ascension incomplète » du Néthou qu'il avait pris quelque relief et quelque importance. A contrôler de près, il paraît n'en rester rien.

Comme il y a des récits inexacts, il y a des dessins infidèles. Précisément la librairie Treuttel et Wurtz mettait en vente, en même temps que le *Tableau des Pyrénées*, un *Voyage pittoresque dans les Pyrénées françaises et dans les départements adjacents, ou collection de 72 gravures... avec un texte explicatif. Par M. Melling, peintre-paysagiste de la Chambre et du Cabinet du Roi*, 1828. Album, grand in-fol. oblong, de gravures au lavis par Piringer, etc., d'aspect noir et triste, et souvent aussi fantaisistes que purent l'être plus tard les dessins de Gustave Doré; ne donnant aucune idée des Pyrénées, sauf quelques détails documentaires, comme les bains de Luchon en 1827, ou le pont de Sia, l'ancien pont, celui qu'en 1827, et si souvent depuis, avait franchi Ramond !

## XII.

### UN REVENANT.

Les 16 janvier et 13 mars 1826, un académicien de soixante-et-onze ans lisait à l'Académie des Sciences un long *Mémoire sur l'état de la végétation au sommet du pic du Midi de Bagnères*. (Tome VI des *Mémoires de l'Institut*).

C'était le « chant du cygne » de Ramond !

« Ni la gaieté de sa conversation » dit Cuvier « ni l'énergie piquante de ses mots n'avaient souffert de la vieillesse. On aurait dit que l'âge accroissait encore le feu de ses discours et de ses regards, son corps avait besoin d'espace comme son esprit, et jusqu'à ses derniers moments, ses proportions légères, son tempérament sec, la vivacité de ses mouvements, ont rappelé le peintre des montagnes. »

Dans son mémoire, Ramond disait :

« Ce que j'avais d'observations météorologiques antérieures à 1802 m'a été enlevé, avec dix années de travaux, par un grand événement dont mes pertes sont un incident trop peu considérable pour mériter d'être remarqué. » (Il avait pris en 1813 une habitation aux environs de Paris, ses dossiers y avaient été détruits par les Cosaques). Mais depuis 1802, Ramond avait porté seize fois le baromètre au pic du Midi.

On peut reconstituer une liste à peu près complète de ses ascensions sur ce pic : deux en 1787 ; — 8 août, 14 septembre 1792 ; — 16 septembre 1793 ; — 26 août, 14 octobre 1795 ; — 16 août 1796 ; — 28 juillet 1797 ; — 21 juillet 1798 ; — 22 juillet, 11 août 1799 ; — 19 juillet

1801; — 15 et 26 septembre 1802; — 4, 12, 23, 27 et
30 septembre 1803; — 30 août, 15 septembre 1805; — 8 et
15 août, 22 septembre, 7 et 19 octobre 1809; — 11, 22 et
28 septembre 1810.

De ces ascensions Ramond rappelait, après trente-quatre
ans, la plus sensationnelle :

« Je montai au pic le 8 août 1792 avec un ciel pur et le
plus beau soleil. Arrivé à la cime, à trois heures et demie
après-midi, je trouvai la plaine entièrement couverte de
nuages, mais ces nuages pressés contre l'escarpement
septentrional se dressaient perpendiculairement sur ma
tête, de cent cinquante mètres, à trente pas de distance. Sur
cet immense rideau se projetait mon ombre, celle de trois
personnes qui m'accompagnaient, et l'ombre du tronçon
du sommet du pic, le tout environné d'un iris d'une
vivacité admirable. Nous contemplâmes ce tableau l'espace
de trois quarts d'heure, sans qu'il éprouvât la plus légère
altération. *Sur ce rocher, sous ce ciel, à la vue de ce
magnifique spectacle, on eût cru assister vivant à son
apothéose!* »

C'est sur ce mot théâtral que finit ce grand metteur en
scène.

Ramond mourut le 14 mai 1827.


« Le Saussure des Pyrénées, — aussi fidèle observateur,
aussi vigoureux que l'illustre genevois, moins simple dans
l'exposé des grands spectacles, mais plus ému, plus coloré,
animé d'une sensibilité plus poétique, et doué d'une imagination qui, loin de l'égarer comme tant d'autres, ne fait que
rendre le vrai avec plus de vie. » Ainsi l'ont jugé Cuvier et
Sainte-Beuve.

Ramond, écrivain, nous a donné deux cents pages à ne
jamais oublier.

En 1828, — l'année où la duchesse de Berry montait à la
brèche de Roland, — Palassou, quatre-vingt-trois ans,
retiré depuis longtemps à Ogenne et devenu lui-même une
des curiosités des Pyrénées, publiait encore des *Observations pour servir à l'histoire naturelle de la vallée d'Aspe*
(Pau, Vignancour, in-8). Il y réfutait, notamment, des accu-
sations portées jadis contre lui par l'aigre Pasumot.

Querelles de pyrénéistes, jusqu'où pouvez-vous mener !...
Ramond, après la publication de son livre de 1801, écrivait
à Saint-Amans : *J'ai reçu de la boutique de La Peyrouse
une belle lettre anonyme sur mon voyage au Mont-Perdu :
elle est bête à faire plaisir.*

Palassou ne mourut qu'en 1830, montagnard de vallées
et à la mode antique, pyrénéiste sans pic et sans reproche.

L'année suivante mourut à Agen, à quatre-vingt-trois ans,
Saint-Amans, l'ami toujours fidèle de Ramond.

# LES OFFICIERS GÉODÉSIENS

———

## I

### LA TRIANGULATION DE PREMIER ORDRE.

Contraste.

Après l'imprécision, les opérations mathématiques. Après les phrases sans ascensions, les ascensions sans phrases, et la première époque héroïque du pyrénéisme.

Le résultat final en est connu, c'est la carte dite de l'État-Major ; et des témoins muets en sont restés aux Pyrénées : les tourelles de signaux.

Enfin un vague souvenir subsiste encore, de feux allumés sur les sommets « par les officiers d'État Major qui faisaient la carte de France ». Énoncé, d'ailleurs, deux fois inexact.

Les officiers en question n'étaient pas officiers d'État-Major, ou du moins ne le devinrent que plus tard. Ils appartenaient au corps spécial des *Ingénieurs-Géographes*, lesquels, depuis le Consulat, avaient remplacé les *Ingénieurs des Camps et Armées* de l'ancien régime. Ce corps — constamment remanié, et si l'on peut dire, tatillonné, ou « réorganisé », pendant ses trente ans d'existence, — se recrutait par l'école polytechnique, et dans les premiers numéros de sortie.

Les ingénieurs-géographes qui vinrent aux Pyrénées ne faisaient pas précisément la carte de France : ils la préparaient par la triangulation de premier ordre. Ils étaient géodésiens, non topographes. On les eût blessés en leur donnant ce dernier nom : dans ce milieu spécial la géodésie est une aristocratie.

Nous n'avons pas à entrer dans les détails techniques de la préparation et de l'exécution de la carte au 80.000ᵉ, dont l'achèvement demanda soixante ans. Nous renvoyons à la *Notice sur la carte dite de l'État-Major* par le général Blondel (1853), ou mieux, au grand travail du colonel Berthaut, *la Carte de France* (publié par le service géographique de l'Armée, 1898), qui explique avec une parfaite clarté cette genèse compliquée et ardue, mais très intéressante. Rappelons seulement l'indispensable.

La carte des Cassini, commencée à l'occasion de la bataille de Fontenoy, terminée vers 1780, et qui a rendu pendant un siècle d'immenses services, était insuffisante. (Pour les montagnes, elle est nulle, et même dangereuse). Napoléon ne s'était pas soucié de la remplacer, et d'accueillir les projets de son cabinet topographique, des Bacler d'Albe, des Brossier : il savait qu'une bonne carte est un redoutable engin de guerre, qu'il ne voulait pas fournir à l'ennemi. A la paix, ce fut Laplace qui, dans un discours à la Chambre des Pairs, en 1817, demanda une nouvelle carte de France. Immédiatement, formation d'une grande commission royale, présidée par Laplace. Il est décidé que cette carte sera faite par le département de la Guerre, les militaires présentant, pour une si vaste opération, des garanties particulières de discipline, de constance, d'homogénéité de travail. Une commission spéciale fonctionne au Dépôt de la Guerre, concurremment avec la commission royale.

Sans attendre la solution des questions délicates de cartographie proprement dite, on entama dès 1818 les premiers travaux géodésiques, la triangulation de premier ordre, et l'on couvrit de réseaux de triangles des bandes de terrain formant sur le sol de la France plusieurs grands carrés, dont les côtés étaient ou des méridiens ou des parallèles.

Les Pyrénées formaient un de ces parallèles. On en vint à l'attaquer en 1825. A cette date on délibérait encore sur le rendu topographique de la future carte. On discutait passionnément, en un grand tournoi, peut-être même en bataille, la question, d'ailleurs capitale, de l'éclairage ; les passionnés de la lumière oblique, censée venir de l'angle supérieur gauche de la carte, rompaient des lances contre les fanatiques de l'éclairage perpendiculaire au sol, de la lumière zénithale, qui l'emportèrent.

Furent chargés des Pyrénées quatre ingénieurs-géographes, officiers vigoureux et expérimentés, la fine fleur des triangulateurs :

Le chef d'escadron — puis lieutenant-colonel — Corabœuf, quarante-huit ans (né à Nantes en 1777) : élève de l'école polytechnique en 1794, ingénieur-géographe ayant fait toute l'expédition d'Egypte jusqu'en 1799 ; attaché à la carte du Mont-Blanc, 1802-1805, puis à la carte d'Italie, 1805 ; attaché comme capitaine à la carte de France, 1818, (parallèles Bourges-Nantes, Dieppe-Sedan, Bourges-Jura, Noirmoutiers-Alpes). Chef d'escadron en 1819.

Le lieutenant Peytier, trente-deux ans (né à Paris en 1793) : élève de l'école polytechnique, lieutenant en 1811, attaché à la carte de France depuis 1818. Noté comme d'une très forte constitution, ceci est bon à souligner. Envoyé aux

Pyrénées comme adjoint de Corabœuf. En fait, chef de service pour la moitié de la chaîne.

Le lieutenant Testu, vingt-huit ans, (né à Rouen en 1797), élève de l'école polytechnique, lieutenant en 1823, décoré pendant la campagne d'Espagne. Plus tard Peytier, devenu son chef, le notera « le meilleur des triangulateurs ».

Le lieutenant Hossard, vingt-huit ans (né à Angers en 1797) : élève de l'école polytechnique en 1819, lieutenant en 1823.

Ces officiers, nés loin des montagnes et qui venaient d'opérer plusieurs années en plaine, n'étaient pas montagnards (Corabœuf seul avait pu pratiquer jadis la montagne). Les « nécessités du service » les mirent dans l'obligation de devenir rapidement de purs « grimpeurs » genre fin xix$^e$ siècle. Grimpeurs d'un genre particulier qui, faisant des ascensions « en service commandé », n'ont pas la faculté de choisir leur jour comme les « alpinistes » ordinaires, mais montent à date fixe et par tous les temps, et n'ont pas à faire franchir les passages difficiles qu'à leurs personnes ; ils font monter leurs ouvriers et du matériel pesant, et surtout le précieux instrument d'observation, le *cercle répétiteur*, manière d'ascensionniste passif qui donne parfois bien du mal ! (quoique d'un modèle réduit, pour la montagne : cercle de Gambey de 27 cent.). Une fois en haut..... ils ne redescendent pas. Ils habitent les pics.

Leur endurance est demeurée légendaire. Si bien que l'idée s'était accréditée que les ingénieurs géographes étaient tellement habitués à surmonter les difficultés matérielles et à vaincre les intempéries qu'ils n'en faisaient même pas mention dans le compte rendu de leurs travaux, de sorte qu'en ce qui concerne spécialement les Pyrénées, ils n'avaient pas dû laisser de renseignements sur leurs ascensions.

Heureusement, il n'en était pas ainsi.

Assujettis à l'obligation d'envoyer au directeur du Dépôt de la Guerre des rapports de quinzaine et le résultat des opérations de chaque station, les officiers chefs de section rendaient compte à leur supérieur des difficultés et des retards. Soulevez aujourd'hui — nous allions dire la pierre du sépulcre — le couvercle du carton où reposent depuis soixante-dix ans les rapports de Corabœuf et de Peytier, et vous en voyez sortir un des plus beaux chapitres de l'histoire pyrénéiste — jusqu'ici inconnu — et d'une littérature spéciale, militaire, sobre et nette.

Ne demandez pas toutefois aux officiers pyrénéistes les noms de leurs guides ; ni par quelle arête, par quel point cardinal ils ont vaincu un pic. Ils ne le disent pas, malheureusement ; et pourtant, ils sont munis d'instruments de précision, et ils sont des observateurs plus que méticuleux (la triangulation du premier ordre est encore considérée comme inattaquable). Mais le récit « à la boussole » est de date plus moderne. Le détail de l'ascension intéresse peu nos officiers. Le pic, pour eux, n'est pas comme pour l'alpiniste moderne un ennemi à vaincre, un monstre à dompter ; c'est plutôt un collaborateur et un auxiliaire, c'est la base du signal, c'est le support du cercle répétiteur.

L'ennemi, par exemple, c'est le mauvais temps ! Le grimpeur ordinaire descend ; l'officier triangulateur reste cloué des semaines à côté de son cercle, attendant qu'on puisse viser, et « prendre une série ». Le mauvais temps empêche de livrer ponctuellement — « en temps utile » — le résultat d'une station ! Aussi le signalent-ils avec précision.

Or, pendant leurs opérations aux Pyrénées, 1825-1827, les géodésiens eurent un temps exceptionnel. Il fut généralement abominable, et trois années de suite.

## II

### LES GRANDES ASCENSIONS DE 1825.

La campagne de 1825 eut pour objet l'adoption du
« canevas de triangles », la reconnaissance et le choix des
stations, et la construction des signaux, tourelles de près de
quatre mètres de haut, où se trouvait pratiquée une chambre
permettant de regarder, à l'intérieur, une borne scellée
à chaux et à sable dans la montagne et portant deux lignes
croisées dont le point d'intersection était juste dans la
verticale du point de visée, du sommet du triangle.

Le commandant Corabœuf, faisant des Pyrénées deux
sections partagées par le pic de Crabère, prenait avec le
lieutenant Testu celle de l'Est (Pyrénées orientales, Ariège) ;
son jeune adjoint, le lieutenant Peytier, était chargé, avec le
lieutenant Hossard, de la section occidentale (Basses et
Hautes-Pyrénées, Haute-Garonne), de beaucoup la plus
difficile.

Les travaux commencèrent en mai. Les observateurs
partaient, Corabœuf de Perpignan, Peytier de Bayonne, et
marchaient l'un vers l'autre, portant leurs recherches sur
les pics de plus en plus élevés que la fonte des neiges
rendait successivement accessibles. Ils devaient se rejoindre
au point de partage quatre mois après, en septembre, avant
les froids.

Les rapports de Corabœuf, intéressants pour les géodésiens, ne signalent en ce qui le concerne rien d'exceptionnel quant aux ascensions, sauf la quantité de neige,
considérable cette année-là, et quelques endroits d'accès
très difficile au Montcal (Montcalm). Mais ce qui le préoccupe constamment, ce sont les difficultés que rencontre son

adjoint, engagé avec un temps généralement défavorable dans une série de grandes ascensions.

Après le choix des points les moins élevés, de Bayonne à Pau, Peytier et Hossard, au commencement de juin, avaient commencé par deux sommets de dix-neuf cents mètres d'où le pic d'Ossau n'était pas visible, ce qui faisait déjà penser à abandonner ce dernier point.

De là ils passaient au pic d'Anie. L'accès en fut très difficile, les pentes de neige gelée atteignant 55 degrés. La construction du signal dura trois jours et employa sept ouvriers. Peu s'en fallut que la campagne ne s'ouvrît par une catastrophe : le lieutenant Hossard faillit se tuer à la descente.

Du pic d'Anie, Peytier et Hossard en vinrent au choix de trois grands observatoires à prendre, un vers le sud de Pau, un dans les montagnes de Luchon, et un troisième entre les deux pour « partager la distance ».

Ils montèrent au pic du Midi d'Ossau dans les pires conditions. Ayant couché sous un rocher au pied du pic, ils entamèrent l'ascension par mauvais temps, « espérant qu'il changerait ». Le temps ne fit qu'empirer ; ils se trouvèrent au sommet par une pluie froide mêlée de neige, et un vent tel, que leurs hommes n'osaient pas se tenir debout et se démoralisaient. Après quelque temps de repos à l'abri d'un rocher, le vent ayant un peu diminué, on occupa les ouvriers à la construction d'une petite tour en pierres sèches pour servir de point de visée de second ordre (les points de second ordre étant les sommets de triangles secondaires servant à déterminer la position des pics les plus remarquables non stationnés). Peytier et Hossard y laissèrent leurs noms, sur un fragment de schiste que Chausenque retrouva en 1837. Les deux officiers renonçaient au pic d'Ossau pour point de premier ordre, regardant comme impossible de faire porter à la cime leur cercle répétiteur.

Voulant donc substituer au pic d'Ossau un sommet plus favorable, et plus facile, ils choisirent le Balaïtous.

C'était bien tomber ! Ils s'adressaient juste au plus formidable pic des Pyrénées.

Le Balaïtous *mystérieux*, le *Cervin des Pyrénées, amas de précipices réunis par un nœud qui est la cime*, et un *observatoire sublime*. Le voilà défini par le comte Russell.

L'histoire de cette montagne est étrange, on le sait. Elle commence par la fin, et doit s'écrire à rebours.

Le Balaïtous (Balétous de Cassini, la montagne de La Bassa du croquis de Reboul et Ramond, le Som de Séoube de Junker, le Bat-Létouse ou Mur-muré de l'État-Major, le Balaïtous enfin de son nom populaire et aujourd'hui célèbre), pic superbe et dangereux, était resté longtemps inconnu.

Pourtant il ne se cache pas ; il se montre même à la plaine. Quiconque a monté le pic du Midi de Bigorre a remarqué forcément de là un pic dominateur et inquiétant, l'air mauvais, en forme de molaire tronquée remplie d'une coulée de glace... Ce pic, pourtant, demeurait négligé, pas même mentionné. Il était dans une région hors du courant des baigneurs et des touristes. L'attention était ailleurs. Vint le moment où les grands pics tout neufs se faisaient rares, et où on commença à jouer la difficulté. Le mystérieux Balaïtous était à point. En 1864, Charles Packe, et quelques jours après, le comte Russell, l'emportaient par l'infernale arête de l'Ouest, « le plus mauvais pas des Pyrénées ». Stupéfaction ! au sommet, une tour, des traces de feu, des piquets de tente (notez ces piquets, nous les retrouverons). La montagne inédite avait cohabité avec messieurs les officiers ! Il fut admis que ceux-ci avaient fait une ascension en 1825, et il n'en fut plus question.

Et pourtant, avec la célébrité actuelle du Balaïtous, tout renseignement relatif au passage des officiers par le fameux pic était pour prendre, par action réflexe, une importance capitale. C'est la plus belle question de pyrénéisme rétrospectif, et faite pour intriguer.

En voici la solution. Entre toutes les montagnes pratiquées par les ingénieurs-géographes (et plus même que des sommets de 4.000 mètres dans les Alpes, comme le Pelvoux, monté en 1830 par le capitaine Durand) le Balaïtous a eu un rare et précieux privilège : il a fait parler ces officiers peu parleurs...

Première tentative. Le 16 juillet, Peytier écrit : « Au pic du Midi d'Ossau nous avons substitué le pic de Balétous. Ce pic, quoique plus élevé que celui d'Ossau, sera, j'espère, d'un accès plus facile, quoique nous ayons déjà fait une tentative infructueuse pour y monter... »

Peytier et Hossard étaient partis de Laruns, d'où ils comptaient seize heures de marche pour atteindre le pic. Ils y avaient pris des guides et des ouvriers. Ils allèrent coucher sous un rocher près du lac d'Artouste. Le lendemain, après une heure de marche, le guide-chef leur dit qu'il ne connaissait pas le chemin plus loin, et comme le temps était tel qu'on n'y voyait pas à vingt pas, ils s'orientèrent avec une boussole et la carte de Cassini, « qui se trouva défectueuse en cet endroit ». Arrivés au sommet, pendant une éclaircie de cinq minutes, ils virent le Balaïtous devant eux. Ils s'étaient trompés de pic.

Ils avaient fait par erreur et dans le brouillard la première ascension du Pallas ! Le rapport de Peytier ne nomme pas ce pic; mais un autre document, la liste des points de second ordre visés par lui, indique le *signal* élevé (par les officiers et leur équipe d'ouvriers) sur la Cuje-la-Palas, 2.976 mètres. (La plupart des grands sommets

pris comme points secondaires n'ayant pas été ascensionnés,
on les visait, non sur un *signal*, mais sur la *sommité*,
c'est-à-dire sur l'extrémité même du pic. Les hauts points
de second ordre visés sur *signaux* ne sont qu'au nombre
de neuf pour Corabœuf : pics du col de Migia, Jouglan, du
port de Cabanes, de la Serrère, du Bouc, du port d'Orle,
de Moutoulieu-Mauberme, tuc de Serrat, portillon d'Albi;
et de quatre pour Peytier : pics d'Arbizon, d'Arré, Cuje-
la-Palas, pic d'Ossau).

*Deuxième tentative.* Le lendemain, le temps était assez
beau : les officiers aperçurent le Balaïtous et se dirigèrent
vers lui. Après six heures de marche, ayant passé sur des
pentes de neige très rapides dans laquelle il fallut tailler
des pas — « faire des trous » — parce qu'elle était gelée,
ils furent arrêtés à deux cent cinquante mètres environ du
sommet par un escarpement de rochers, qu'ils ne purent
ni gravir ni tourner. Il fallut renoncer.

« Nous recommencerons cette reconnaissance en partant
de Cauterets, où j'espère que nous trouverons des guides
connaissant le chemin. Nous partons pour Barèges, » écrit
Peytier. Il voulait monter d'abord au pic du Midi pour
s'assurer que, de là, le sommet du Balaïtous était visible.

Le rapport suivant de Peytier est daté de Barèges, 8 août.
Le Balaïtous est vaincu, et le bulletin de victoire est de la
plus rare simplicité.

« Depuis le 16 juillet je me suis occupé de la reconnaissance du pic du Midi de Bigorre et du pic de Balétous
qui est au sommet de la vallée d'Azun, ainsi que de la
construction de signaux en pierre sur ces sommités.

» Le pic de Bigorre n'est pas d'un accès difficile.

» Mais il n'en est pas de même de celui de Balétous, dont
l'ascension a demandé quatre tentatives. Ce pic est escarpé

de tous les côtés et il faut franchir des passages très périlleux pour arriver au sommet.

» Le mauvais temps est presque continuel.

» Je pars demain pour Bagnères-de-Luchon. »

Ce bref rapport laisse ouvert le problème, si intéressant dans les idées actuelles : quels ont été les points d'attaque des officiers ? et quel fut leur itinéraire définitif d'ascension ?

Une fiche, conservée au service géographique de l'Armée, et que nous reproduisons comme spécimen des *notes individuelles* d'un pic, apporte une solution partielle, pour le point d'attaque finalement choisi.

« *Le signal construit en 1825 sur le pic de Balétous est un cône tronqué en pierre sèche de 3<sup>m</sup>42 de hauteur au-dessus de la face supérieure de la borne sur laquelle sont tracées deux lignes dont la rencontre indique le centre de la construction. Ce signal avait une petite chambre qui a été fermée après les observations afin d'augmenter la solidité.*

« *Le pic de Balétous est situé sur la frontière d'Espagne, au fond de la vallée d'Azun et à l'Ouest du port de ce nom ; il est dans le département des Hautes-Pyrénées, arrondissement d'Argelès, canton d'Aucun, et dépend de la commune d'Arrens. Il faut environ 11 heures pour se rendre de ce dernier village au sommet du pic, avec des hommes chargés. On remonte la vallée d'Azun jusqu'aux cabanes de Domblas un peu au delà du lac du Gourgue de Sugnan. Là on tourne à droite et l'on va passer auprès de la cabane appelée la tour de la Ribette (l'Arribit) et ensuite à celle du Plan de la Ribette qui est au pied du pic. Il faut environ 5 heures pour monter de cette dernière cabane au sommet du Balétous et l'on rencontre des passages fort mauvais.* »

Le Balaïtous, on le voit, était mal noté. Ainsi les officiers

sont partis d'Arrens et ont pris par l'Arribit, à l'exclusion de
Labassa et du glacier de Las Néous. Mais la fiche nous donne
aussi une indication par ce qu'elle ne dit pas. Elle semble
exclure la suite de la route Packe-Russell par les lacs de
Bacrabère, les passes de la Barane et la diabolique arête
occidentale, et laisse supposer un itinéraire spécial, par la
face Nord d'abord, puis passage sur la face Est, à la partie
supérieure du glacier de Las Néous, et enfin la vertigineuse
cheminée orientale ( ? Le comte Henry Russell penche pour
cet itinéraire. Le problème n'est pas cependant tout à fait
fermé. Il appelle une vérification expérimentale. Il y a un
nouveau passage à retrouver : une brèche qui devra en
toute justice s'appeler *brèche Peytier-Hossard).*

A Luchon, au lieu d'un pic de premier ordre, Peytier et
Hossard en montaient deux. Ici les ascensions ne font,
comme on dit. « pas un pli ». — et le compte rendu non plus.
En résumé : « le Quairat ne convenait pas, on l'a remplacé
par la Tusse de Maupas ». C'est tout, comme itinéraire.

Le Quairat était désigné *a priori* pour le raccord avec
Corabœuf. Ce pic étant terminé par une crête de rochers
qui ne laissaient entre eux aucune place, il fut impossible
d'y élever aucune espèce de signal. (*C'est à peine si une
chaise y tiendrait,* devait dire depuis le comte Russell).

Il devint un point secondaire, visé non sur le signal qu'il
ne pouvait pas porter, mais sur la sommité.

Sur le Maupas, cependant, un accident. Le sommet du
pic, « arête granitique à peu près semblable à celle du
Quairat », offrait une place au signal, en l'appuyant sur deux
gros rochers. Le signal en pierres sèches était à peu près
terminé, lorsque l'affaissement d'un des rochers en fit
écrouler la moitié. Peytier et Hossard étaient avec deux
hommes sur la tour ; un seul ouvrier fut blessé.

« Au premier jour de beau temps je remonterai sur

le pic Maupas pour faire reconstruire le signal », écrit Peytier le 23 août. Donc seconde ascension du Maupas.

C'est son dernier rapport personnel, le 16 septembre il avait rejoint Corabœuf. Par celui-ci nous savons que Peytier était parti de Luchon pour Arreau et le pic de Montespé. Sur la construction du signal au pic de Troumouse, pris entre le Balaïtous et le Maupas, les renseignements manquent.

Le 15 décembre la reconnaissance de tous les sommets des triangles était terminée. Trente-neuf stations.

## III

### SOUS LA TENTE. — CAMPAGNE DE 1826. — TROUMOUSE.

Une station de premier ordre demande des observations d'une extrême précision, avec des instruments plus parfaits que ceux de la triangulation de deuxième ordre ; des visées répétées par séries, et par séries de séries. Il y faut donc plusieurs jours. De plus, pour pointer à des distances de dix lieues en montagne, il faut le parfait beau temps. S'il ne vient pas, une seule chose à faire : l'attendre.

Où loger ? Il y a deux systèmes. Le cantonnement loin de la station, plus confortable, mais demandant des ascensions de chaque jour et des pertes de temps; et le bivouac à la station même, ne laissant échapper aucune occasion favorable. Corabœuf adopta le dernier parti : camper sous la tente aussi près que possible du signal ; chaque chef d'opérations ayant, pour lui et pour les hommes de service, deux tentes de 4 mètres de long, sur 2 mètres 66 de large et 2 de haut, confectionnées exprès, en grosse toile et capables de résister aux pluies d'orage et aux coups de vent.

Avec ces tentes fut faite une course homérique à travers les Pyrénées.

Les écrivains pyrénéistes récents nous ont initiés à la saveur des nuits passées sur les grands sommets, nuits qui sont les actions d'éclat de l'ascensionniste.

Que dire donc de l'odyssée des ingénieurs-géographes : *les cent et une nuits sous la tente, deux ans de suite*, et point à la belle étoile, mais par des temps horribles, et même terribles ?

Les travaux furent repris le 20 avril 1826, pour sept mois.

Corabœuf et Testu campèrent en mai et juin aux signaux d'Espira, de Tauch, de Forceral, de Bugarach ; en juillet, de Madrès ; séjournèrent quinze jours d'août au sommet du Canigou (2.787 mètres); de là passèrent au pic du col de Liousès (2.833) ; en septembre, au pic oriental du col Rouge (2.808), pic Saint-Barthélemy (2.350) et Tuc de la Courate.

Peytier et Hossard, en mai, commençaient par la station du Jurançon ; mauvais temps. Puis Lioubeng. En juin ; trois semaines de station à un quart d'heure de marche du sommet du Cambeillon (660 mètres) sans une journée entière de beau temps ; tous les jours pluie. Terminé le 18. De là une semaine plus heureuse à l'Escuretz ; mais les grands sommets paraissant encombrés de neige.

En juillet, onze jours à l'Estibette. Temps très défavorable. Le signal du Balaïtous est encore engagé dans la neige de plus d'un mètre. « Je crains que ce pic ne soit impraticable cette année », dit Peytier.

De là, les deux lieutenants abordèrent le pic du Midi, difficile à cause du mauvais temps : les neiges descendaient à six cents mètres au-dessous du sommet ; le lac d'Oncet gelé. Les tentes étant à cent pas du signal, on se trouvait en mesure de profiter de tous les moments convenables. Pour

se rendre au signal il fallait suivre une arête de neige fort
dangereuse ; on y fit établir un sentier avec des dalles.
Les 22, 23, 24 juillet, impossible de sortir de la tente. Le
thermomètre descendait à — 3.

Peytier termine son rapport daté de Barèges, 2 août :

« Le mauvais temps me donne de l'inquiétude pour les
stations de Balétous, de Troumouse et de Maupas, qui
conservent une énorme quantité de neiges. Je vais m'occuper
de celle de Troumouse. »

Redisons-le, ce sont les récits modernes qui donnent
rétrospectivement un intérêt capital aux expéditions
anciennes. Il y a curiosité aiguë à retrouver d'anciens itinéraires dans des régions que de remarquables descriptions
plus récentes ont rendues célèbres. Où sont allés les
prédécesseurs ? Par où sont-ils passés ?

Voici, par exemple, un passage fameux : la crète Est du
cirque de Troumouse. Lequeutre dira : « On contourne
l'intérieur du cirque sur des anfractuosités de rochers ayant
de trois à quatre doigts de largeur : à droite un abîme de
900 à 1.000 mètres ; la moindre glissade serait mortelle ».
Et le comte Russell, avec sa terrible concision : « *Très
mauvais pas.* Je n'en connais guère de plus mauvais dans
les Pyrénées ».

Ce mauvais pas, Peytier et Hossard en ont eu la primeur.
Voici, textuellement le rapport de Peytier au directeur du
Dépôt de la Guerre.

« Argelès, 23 Août. — Mon Général, j'ai l'honneur de vous
adresser les observations faites au sommet du pic de
Troumouse, qui est un des plus élevés et celui dont l'accès
est le plus difficile parmi ceux qui me servent de points de
station.

» Le voyage et le séjour au sommet de ce pic nous ont
offert de grands dangers à M. Hossard et à moi.

» Avant d'arriver au signal, il a fallu suivre pendant trois heures le haut du cirque de Troumouse, ayant constamment à côté de nous un précipice de 600 mètres, le cirque.

» Pendant ce trajet le porteur du cercle était attaché et soutenu par deux autres hommes. Sans cette précaution il serait probablement tombé dans le cirque avec l'instrument. Il marchait pieds nus... »

*Avec l'instrument* est le mot typique de l'officier responsable du matériel de l'État !

«.... Notre tente a été établie à quinze mètres du signal sur une pente d'éboulis de 30 à 40 degrés, à l'abri du vent d'Ouest. Malgré nos précautions le vent a failli l'emporter. il a arraché un grand nombre de piquets et déchiré la toile.

» Les orages nous ont beaucoup inquiétés, le tonnerre est tombé si près de nous que nous avons ressenti de violentes secousses, et la grande quantité d'eau qui tombait pendant les orages et qui s'infiltrait dans les éboulements sur lesquels nous étions établis nous faisait craindre d'être entraînés avec eux. Quelques fragments de rochers ont roulé à côté de notre tente.

» Le froid nous a fait assez souffrir ; le thermomètre était descendu à zéro, et à cette basse température se joignait un vent très froid ».

Mais, dans les jours de très beau temps, et il y en a eu forcément de tels, puisque les observations ont été faites, quels spectacles ! Le pic de Troumouse, de 3.089 mètres, voisin et succédané de la Munia si fameuse aujourd'hui, est, comme on a dit « un de ces pics d'où l'on voit tout ! » C'est de là notamment que « le Mont-Perdu fait presque autant d'effet que le Mont-Blanc ! »

Le beau document, grandiose dans sa précision et sa concision, la vraie littérature de sommets, que la liste des points visés de la station de Troumouse, (*Description de la chaîne trigonométrique des Pyrénées*, dans le *Mémorial du Dépôt de la Guerre*, tome VI. 1832) : Maupas, Néthou, Perdighéro, pic de Thou, Posets, pic Pétard, pic au Sud-Est de Vénasque (le Gallinero), pic près de Savarillo (le Cotieilla), pics d'Arré, de Batoa, pic Méchant, Cambieil, Mont-Perdu, Cylindre, Taillon, Tours du Marboré, Ardiden, Vignemale, pic Long, Nèouvielle, pic du Midi de Bigorre, pic de Viscos, Monné, pic à l'Est de Panticouse (le Tendenera), pic entre Canfranc et Salient (la Penā Collarada), Balaïtous ! Et les vallées ! les cirques ! ce qu'on voyait sans le viser !

Qu'ils ont pu jouir des hautes régions, les géodésiens, dans leurs camps !

Mais parfois, à quel prix !


## IV

### PEYTIER ET HOSSARD AU BALAÏTOUS.


« La fin de la belle saison approche. En descendant du pic de Balétous dont je vais faire la station, je compte m'occuper des stations qui sont du côté de Saint-Jean-Pied-de-Port ».

C'est ainsi que Peytier terminait son rapport sur Troumouse, au moment où les deux lieutenants allaient monter au Balaïtous.

Ils furent bien près de n'en pas descendre !

Surpris par le mauvais temps et la neige sur le redoutable pic, ils se trouvèrent dans la situation la plus critique.

« *Les observations ont été interrompues* », dit laconiquement la fiche du Balaïtous dont nous parlions tout à l'heure, « *les observateurs manquaient de vivres et l'on ne pouvait leur en porter* ».

Mais l'on a mieux. Il reste, sur la seconde ascension et

sur le « camp du Balaïtous », le rapport de Peytier, qui doit demeurer désormais un des plus beaux et précieux documents pyrénéistes :

« Argelès, 4 septembre 1826. — Mon Général, dans ma lettre du 23 août je vous annonçais que j'allais m'occuper de la station du pic de Balétous.

» En effet, je partis d'Argelès le 24 et m'arrêtai dans la matinée au village d'Arrens, qui est celui le plus rapproché du pic. Après m'y être procuré les hommes et les chevaux nécessaires pour me transporter, je fus coucher à la cabane de berger la plus élevée.

» Le lendemain 25 je partis avant le jour avec onze hommes chargés des instruments, tentes, effets et vivres, et nous arrivâmes au sommet à midi et demi, après avoir traversé des passages fort dangereux dont un a exigé qu'on fît passer les effets et quelques hommes à l'aide de cordes.

» Dans la soirée du 25 je commençai les observations, pendant que M. Hossard était occupé à faire établir notre tente au sommet du pic à cinq mètres du signal. Avant la fin de la journée la tente n'était pas encore bien établie qu'il survint un orage, qui dura une partie de la nuit et qui nous inquiéta beaucoup.

» Le lendemain 26 l'orage recommença vers quatre heures, et il tomba tant de grêle qu'elle n'était pas entièrement fondue trois jours après.

» Dans la nuit du 26 au 27 un thermomètre centigrade à minima descendit à — 7,8 au-dessous de zéro, et le 27 au matin, pendant que nous prenions une série, la température était de — 3, 8.

» Le 28 nous prîmes quelques séries dans le milieu de la journée.

» Le 29 nous eûmes une belle journée et nous observâmes toute la matinée et une partie de la soirée.

» Le 30 il tomba un peu de neige extrêmement fine dans la nuit et le thermomètre à minima descendit à — 3.

» Le 31 un vent du Sud assez fort amenait sur le pic des nuages noirs et épais. Nos vivres devant s'épuiser le 1er septembre nous envoyâmes deux hommes à Arrens pour nous rapporter des provisions le 1er septembre au soir.

» Dans la nuit du 31 août au 1er septembre il tomba beaucoup de neige, et prévoyant que nos hommes ne pourraient pas revenir, nous ne mangeâmes le 1er que demi-ration, réservant l'autre moitié pour le 2.

» Mais la neige continua à tomber le 1er toute la journée, et toute la nuit suivante, de sorte que le 2 septembre, n'espérant point recevoir de vivres, nous avions la perspective de mourir de faim si nous ne prenions le parti de descendre, ce que nous regardions en quelque sorte comme impossible à cause du froid, de la neige qui tombait, et de celle qui couvrait tous les passages.

» Cependant, vers onze heures, nous entendîmes crier; nos hommes avaient fait un effort pour nous porter des vivres (malgré les conseils d'un grand nombre d'habitants d'Arrens, qui, loin de les encourager, leur avaient dit que nous étions perdus et qu'ils allaient périr avec nous), mais à mesure qu'ils avaient rencontré des passages difficiles ils s'étaient débarrassés d'une partie de leur charge, de sorte qu'arrivés au passage le plus dangereux (d'où ils nous ont appelés) ils n'avaient plus rien.

» Nous prîmes alors le parti de descendre. Nous n'empor-tâmes avec nous que ce qui pouvait nous aider dans cette entreprise ; nos manteaux pour ne pas mourir de froid, (ce que nous craignions beaucoup), des cordes, des piquets, un maillet et une pioche, et nous attachâmes à nos pieds des crampons que nous avions heureusement apportés. (Notre domestique qui n'en avait point nous inquiétait beaucoup. Il marchait le dernier, et s'il eût malheureusement glissé, il nous eût entraînés avec lui). Un de nous marchait en avant attaché au milieu du corps, soutenu par deux autres, et à l'aide de la pioche et de ses pieds traçait le passage.

» L'accès du pic est déjà fort dangereux par le beau temps, mais la neige ayant couvert tous les passages (nous y entrions quelquefois jusqu'au milieu de la cuisse) il fallait être à la dernière extrémité pour exécuter une pareille entreprise.

» Il nous fallut trois heures pour arriver au passage où nos hommes nous attendaient (ce qu'on aurait fait en vingt minutes pendant le beau temps) : ils nous furent d'un grand secours pour franchir ce mauvais pas.

« Nous arrivâmes à sept heures du soir à la première cabane, que les bergers avaient abondonnée à cause de la neige qui était tombée très près (à 1.200 mètres environ au-dessous du pic). Nous y pâssames la nuit et revînmes le lendemain 3 septembre à Argelès. » La petite colonne était restée trente-six heures sans manger.

Telle fut cette mémorable seconde ascension.

Qui croirait, après cela, que Peytier et Hossard recoucheront encore au sommet du Balaïtous ? Et cependant, la pensée des deux officiers, dans cette terrible descente, n'était pas autre : remonter. C'est que, si comme hommes ils demeuraient saufs, comme géodésiens ils étaient repoussés avec perte. Un désastre : les observations n'étaient pas terminées, *et il avait fallu abandonner le cercle !*

Peytier termine ainsi :

« J'ai rapporté de cette expédition une douleur à l'épaule gauche qui m'empêche de lever le bras, mais qui, j'espère, cessera avec le mauvais temps.

» La pluie froide qui tombe aujourd'hui me fait présumer qu'il tombe encore de la neige sur les hautes montagnes ; cependant la saison n'étant pas encore très avancée, j'espère que le retour du beau temps me permettra de remonter incessamment au pic de Balétous (3.180 mètres) pour y terminer les observations qui n'exigeraient maintenant qu'une petite journée de beau temps.

» Si contre mon attente le temps ne s'améliorait pas, je réunirai les hommes d'Arrens les plus courageux et les plus habitués aux montagnes et ferai une tentative pour descendre l'instrument. »

Les deux lieutenants firent donc la troisième ascension du Balaïtous. Rapport de Peytier :

« Argelès, 13 septembre 1826. — Mon Général, j'ai l'honneur de vous adresser la station du pic de Balétous que je viens enfin de terminer.

» Le 9 septembre le temps m'ayant paru assez bien disposé, je fus coucher dans une cabane de berger au pied du pic et le 10 j'arrivai au sommet à 10 heures du matin.

» La soirée de ce jour et la matinée du 11 furent employées à terminer les observations.

» Nous commençâmes à descendre le 11 à dix heures du matin, et il était temps, car il commençait à tomber de la neige et peu de temps après, nous eûmes un violent orage qui nous accompagna jusqu'à Arrens.

» J'ai éprouvé une grande satisfaction quand j'ai été au pied du pic, car j'y étais monté avec beaucoup d'inquiétude. Non seulement je craignais de ne pouvoir terminer la station, mais encore de ne pas pouvoir descendre le cercle, ce qui eût été fâcheux pour la suite du travail.

» Il existait encore de fort mauvais passages de neige gelée dans laquelle il a fallu faire des pas à la pioche, et le sommet en conservait encore beaucoup qu'il a fallu déblayer auprès du signal pour les observations. Le bas de la tente en a été tellement chargé que la tente a été déchirée. Le thermomètre à minima que j'avais laissé au signal est descendu pendant mon absence à — 8.

» De onze hommes qui m'avaient accompagné à ma première ascension, un seul a eu le courage d'y remonter avec moi, et n'ayant pu en réunir qu'un petit nombre pour cette entreprise périlleuse, je me suis vu obligé de sacrifier les bois de la tente et quelques effets particuliers, attendu qu'il nous était impossible de tout descendre. Ayant fait enlever les fers des bois de la tente, la dépense pour remplacer ces bois n'ira pas au delà de 20 ou 25 francs.

» J'ai l'honneur... etc. — Peytier. »

Ce petit trait d'économie administrative, terminant une si grosse aventure, a une saveur caractéristique. Les voilà, les fameux piquets de tente, par lesquels, paradoxalement, l'histoire du Balaïtous commence en 1864 et finit en 1826 !

Le plus paradoxal, en matière de Balaïtous, l'invraisemblable, c'est l'oubli complet, absolu, dans lequel il put tomber. Voilà une montagne de premier ordre, exceptionnelle de difficultés, dangereuse, essayée au moins quatre fois, montée trois fois, sur le sommet de laquelle vingt-cinq hommes au moins, officiers, guides, ouvriers, porteurs, sont passés ; qui a été non seulement montée, mais habitée ; qui a failli amener une catastrophe ; qui a donné lieu à un séjour et à une descente dramatiques *dont il existe une relation imprimée !* (sous la rubrique « On nous écrit d'Argelès », un extrait du rapport de Peytier fut inséré à la première page du *Moniteur* du 30 septembre 1826) ; et bientôt plus rien, mais rien, pas l'ombre d'un souvenir ! Rapidement le nom des officiers ascensionnistes se voila (plus tard, quand on admettra qu'il y a eu *une* ascension, on l'attribuera à Corabœuf, en sa qualité de chef de service) ; en peu d'années toute tradition dans le pays même, s'effaça (sauf peut-être le nom d'un chasseur d'Arrens, Coustet, qui aurait servi de guide) ; le terrible Balaïtous, perdu au fond de sa vallée d'Azun, pas sur le chemin, primé par d'autres grands sommets à conquérir, retomba dans l'inconnu :

Et *l'oubli* lui refit une virginité.

Les piquets de tente, pour être retrouvés, attendront 1864, et les rapports de Peytier, 1898....

Fin de la campagne de 1826. Peytier et Hossard font la station de Lissératéca : mauvais temps jusqu'au 26 septembre ; vent du Sud des plus violents. Ils s'abritent en contruisant des murailles, pour pouvoir prendre quelques pointés. Le 30 septembre, il ne reste plus que pour une heure d'observations, le temps devient si mauvais qu'il faut attendre jusqu'au 6 octobre. De là, au signal de Méhalcu. Enfin, Baïgoura : vent violent du Sud ; il faut encore s'abriter de murailles percées de créneaux dans la direction des points à observer. Le 19 octobre, le vent met la tente en pièces. En novembre, il ne cesse de pleuvoir : on est obligé de renoncer à la station d'Espermont.

## V

### CAMPAGNE DE 1827. — LE MONTCALM ET LE MAUPAS.

En 1827 la campagne recommence encore en avril pour sept mois.

Du côté de Corabœuf, la station marquante est celle du Montcalm. Le souvenir ne s'en perdit point.

Le comte Henry Russell, remontant au Montcalm en 1872, écrit dans ses *Souvenirs :*

« Sur le sommet s'élève une longue tour assez massive, qui résiste là depuis une cinquantaine d'années au vent et aux orages. Elle fut construite lors du passage des ingénieurs, qui restèrent au faîte même du Montcalm (3.080 mètres). pendant plusieurs semaines, pour faire la triangulation des Pyrénées ; ils s'étaient fait porter du bois, et on voyait leur feu d'Auzat (15 kilom.) pendant la nuit. *En vérité, il fallait du courage !*

» Mais quel observatoire, quelle vue pour les dédommager ! Depuis le Canigou jusqu'aux glaces du Posets l'œil se promène et se perd tout à fait sur des milliers de pics .... »

*En vérité, il fallait du courage !* vous, le grand pyrénéiste, qui avez écrit cela, comte Henry Russell, entendez le lieutenant-colonel Corabœuf dans son rapport : il semble qu'il vous pressente et que c'est à vous-même qu'il réponde, pour vous qu'il tienne à préciser :

« Le 4 septembre 1827. — On ne parvient au sommet de Montcal (*sic*), 3.077 mètres, que par des passages très difficiles, que des hommes chargés auraient refusé de franchir par un mauvais temps.

» Nous nous sommes mis en route le 13 août. Le 14 les passages difficiles ont été franchis et nous avons établi la tente à 12 minutes du signal. Mais du 15 au 28 août nous n'avons pu utiliser pour l'observation que quatre jours. Orages, grêle, neige jusqu'à 1.200 mètres au-dessous de nous, brouillards, froids. »

En septembre, Corabœuf fit le Crabère.

Le lieutenant Peytier, ayant commencé la campagne sans son collègue Hossard, gardé provisoirement par Corabœuf, fait seul les stations du Socoa, la Rhune, Biarritz, Hauran, (mauvais temps « extraordinaire » : que pouvait-il être ?) Espermont (mauvais temps), Orhi, 2.020 mètres (mauvais temps, quatre jours de suite dans le brouillard sans voir à plus de vingt-cinq pas).

En juillet, le pic d'Anie. « J'ai été assez heureux pour établir ma tente à cent cinquante pas du signal, et profiter de tous les instants favorables, ce qui a abrégé la durée de cette pénible station. Le lendemain de mon arrivée, reçu, à la suite d'un violent orage, une grêle très forte qui faillit mettre ma tente en pièces ».

Hossard rejoint Peytier à Pau. En août les deux officiers sont à Luchon, et font le bel observatoire du Maupas. Rapport de Peytier :

« Nous partîmes de Bagnères, Monsieur Hossard et moi, le 8 août à midi et nous arrivâmes au sommet du pic le 9 à la même heure. A une demi-heure du sommet nous rencontrâmes un escarpement d'un accès difficile et dangereux qui effraya nos hommes. Nous eûmes beaucoup de peine à les décider à venir plus loin. Deux guides plus hardis que les autres nous furent d'un grand secours ; ils montèrent les instruments et autres effets à l'aide de cordes et aidèrent les autres à franchir le mauvais pas. Notre tente fut établie à un petit quart d'heure du signal. A l'exception du 14 août, le temps a été généralement assez mauvais. Les orages, le vent et la grêle nous ont beaucoup inquiétés.

« Le signal de Montespé a été détruit pendant l'hiver dernier. Je m'en suis heureusement aperçu avant de monter à Maupas, et j'ai envoyé Monsieur Hossard le faire reconstruire pendant que je faisais les dispositions pour la station de Maupas ».

De la Tusse de Maupas, Peytier visait le pic de Fourcanade, le Néthou, le pic du Milieu et le pic de la Maladetta, le pic Quartau (Litayrolles), le Quairat, le Posets, le Perdighère, etc.

Enfin, de Pau 13 septembre, envoi du rapport sur Montespé. « Le temps a été fort mauvais depuis le commencement d'août, neige ; aussi le séjour au pic a été de quinze jours ». C'est le mot de la fin : c'est sur ce dernier mauvais temps que se termine la triangulation de la partie occidentale des Pyrénées !

Les quatre géodésiens se réunissent à Dax en octobre. Corabœuf observe à la tour de Borda.

Peytier, déjà félicité par le ministre de la guerre après la descente du Balaïtous, est nommé capitaine en second.

L'énergique officier alla continuer ses services en Grèce, où pendant six ans il travailla à la carte de Morée. Il y fut blessé par des brigands. Décoré en 1829.

En 1831 le corps des ingénieurs-géographes fut supprimé et versé dans l'Etat-Major. Alors seulement, les quatre officiers géodésiens devinrent officiers d'Etat-Major.

Corabœuf, colonel en 1831, chargé de la revision des calculs de la carte de France, commandeur, fut retraité en 1837.

Peytier, colonel, auteur d'une instruction sur la géodésie, qui est devenue classique, chef de la première section du Dépôt de la Guerre, commandeur, retraité en 1853, est mort à Paris en 1864.

Testu, capitaine en 1831, reprit la triangulation de second ordre aux Pyrénées (Haute-Garonne et Ariège) en 1847-48 comme chef d'opérations ; fut retraité en 1853 comme chef d'escadron, avec la croix d'officier. Mort en 1864.

Hossard, fut retraité en 1857, comme lieutenant-colonel en obtenant la croix de commandeur « pour ses travaux continus et remarquables, dont il devait recevoir la juste récompense avant de rentrer dans la vie civile », disait la proposition exceptionnelle.

Mais la suprême récompense des officiers pyrénéistes est aux Pyrénées mêmes. Leur souvenir doit s'y perpétuer. Il y reste scientifiquement sous la forme de ces fameuses cotes de hauteur (3,404, Néthou ; 3,367, Posets ; 3,351,

Mont-Perdu; 3,298, Vignemale, etc.), qui sont comme la signature des quatre officiers géodésiens apposée sur les grands sommets des Pyrénées. Mais leur campagne de trois ans, indépendamment de ses résultats spéciaux, constitue, au point de vue « montagnard » pur, un fait unique. S'il s'agissait de touristes opérant pour leur plaisir, on la déclarerait la plus originale, — et si ces touristes étaient anglais, la plus *excentric* — des expéditions. *En vérité, il fallait du courage!*

Ne ne nous représentons pas ces officiers au terme de leur carrière. Voyons-les tels qu'ils furent aux Pyrénées, vigoureux, audacieux; singulièrement « modernes » au milieu du monde de la Restauration, des Marcellus et des Arbanère. Les deux jeunes lieutenants Peytier et Hossard surtout, les « grimpeurs » du Pallas, du Troumouse, du Quairat, du Maupas, vainqueurs par trois fois du Balaïtous et immortalisés par cet exploit, doivent prendre place désormais, dans l'histoire du pyrénéisme, au premier rang des ascensionnistes.

# TABLE DES MATIÈRES.

LILLE. — IMPRIMERIE L. DANEL.